AKƆ̀SÈ READER AND GRAMMAR

Akósè Reader and Grammar

Joseph Ajale Ekane

SPEARS BOOKS
Denver, Colorado

SPEARS BOOKS
AN IMPRINT OF SPEARS MEDIA PRESS LLC
7830 W. Alameda Ave, Suite 103-247
Denver, CO 80226
United States of America

First published in the United States of America in 2024 by Spears Books
www.spearsbooks.org
info@spearsmedia.com
Information on this title: www.spearsbooks.org/akose-reader
© 2024 Joseph Ajale Ekane
All rights reserved.

First Edition of Akósè Reader and Grammar Book, published in 2009
Revised Edition with the addition of more English, published in 2019

No part of this publication may be reproduced, distributed, or transmitted in any form or by any means, including photocopying, recording, or other electronic or mechanical methods, without the prior written permission of the publisher, except in the case of brief quotations embodied in critical reviews and certain other noncommercial uses permitted by copyright law. For permission requests, write to the publisher, addressed "Attention: Permissions Coordinator," at the address above.

ISBN: 9781957296289 (Paperback)
ISBN: 9781957296296 (ebook)

Design and typesetting by Spears Media Press LLC, Denver, CO

Dedicated to my mother, Mama Lydia Mesode and my uncle, Papa Peter Time-Ebah who sponsored my education after the death of my father, Papa Abel Ekane-Ebah.

Content

Acknowledgement	xiii
Introduction	**1**
An adopted Akɔ́sè alphabet	1
The Alphabet	2

Chapter 1
Understanding Tones in Akɔ́sè   4
   High and Low Tone   4
   The Rising Tone   6
   The Falling Tone   6
   Sentence Drill – Reported Speech   7
   Practice Exercise   7

Chapter 2
Liaison   8
   Liaisons   8
   Practice Exercise   9

Chapter 3
Sentence Practice   10
   Sentence with subject and predicate   10
   Subject + Verb + Adjective + Object   11
   Subject + Verb + Adverb   11
   Practice Exercise   12

Chapter 4
Sentence Practice with Nouns   13
   Subject + predicate (noun or pronoun)   13
   Practice Exercise   14
   Practice with nouns   14
   Nouns-Singular & Plural Forms   14
   Practice with Plural nouns   15
   Practice with Nouns that begin with be   15
   Practice with nouns that have an A prefix   15
   Practice with nouns that have Mi prefix   16
   Practice with nouns that begin with Ba prefix   16
   Plural nouns that retain their singular form   16
   Practice with abstract nouns   17
   Practice Exercise   17

Chapter 5
Pronouns   18
   Personal Pronouns – Subjective case   18
   Sentence drill with personal pronouns   18
   Practice Exercise   19

Personal pronouns – objective case	19
Sentence drill – Personal pronouns with objective case	19
Practice Exercise	20
Personal pronouns, objective case	20
Sentence drill	20
Practice Exercise	20
Question and answer drill	20
Personal Pronouns: So (sɔ), siə, de - Both subjective and objective cases.	21
(a) Sentence Drill	22
(b) Sentence Drill	22
Practice Exercise	22

Chapter 6
Possessive Adjectives/Pronouns — 24

Possessive adjectives	24
Possessive adjective/pronoun - Joint ownership	25
Sentence Drill- Possessive Adjectives (224)	26
Sentence Drill- Poss. pronouns (18) Sentences Poss. Pronouns	27
Practice Exercise	27
Possessive adjectives singular and plural forms	27
Practice the following examples	27
Sentence Drill - 128 Sentences	29
Practice Exercise	30

Chapter 7
Reflexive Pronouns — 31

Sentence drill	31
Sentence Drill 216 Sentences	32
Sentence Drill (140) Sentences	32
Practice Exercise	32

Chapter 8
Verbs — 34

Auxiliary Verbs	34
Verb: (to) have - Hóŋ	34
Practice Exercise	35
Be unable, can't, couldn't; 48 Sentences (Negative Statements)	36
Practice Exercise	36
B: Verbs of Motion	36
Sentence drill: Verbs of motion	37
Sentence drill	37
Question and answer drill	37
Practice Exercise	38
Sentence drill (sentences/ questions)	39
Practice Exercise	39
D: Verbs associated with Greetings	39
Làléd (greet)	40
Send greetings	40
Practice Exercise	40
d. Delete the word that is unsuitable	42
e. Conjugate the following verbs	43

Chapter 9
Adverbs — 44

Sentence drill	44
Sentence drill	45
Sentence drill	45
Practice Exercise	46

Chapter 10
Adjectives — 48

Sentence drill: Adjectives	48
Practice Exercise	49
Adjectives - Singular And	

Plural Forms	49
Word Drill	49
Word Drill	50
Practice Exercise	50
Some Plural Adjectives And Nouns Retain Their Singular Forms	50
Word Drill	50
Practice Exercise	51
Word Drill	51
Practice Exercise	51
Singular and Plural Adjectives	52
Practice Exercise	52

Chapter 11
Prepositions 54
- Sentence Drill 55
- Practice Exercise 55

Chapter 12
Conjunctions (Linking Words) 57
- Joining words and phrases 57
- Joining Short or simple sentences 58
- Practice Exercise 58

Chapter 13
Interjection 60
- Sentence drill 60
- Sentence drill 61
- Practice Exercise 61

Chapter 14
Relative Pronouns - Interrogatives 62
- Sentence drill 62
- Practice Exercise 62
- Question and answer drill 63
- Oral and written work 63
- Other Interrogatives 64

Question drill	64
Practice exercise – Oral or written work	64
Question and answer drill	65
Question drill	66
Question drill	66
Question drill	67
Sentence Drill	68
Making Questions	68
Imperatives -Making Commands	70
Making imperatives	70

Chapter 15
Numbers 71
- Ngén – Multiplication 71
- Multiplication 71
- Addition – Abád (t) 72
- Subtraction - Awúd 72
- Division – Akàb 73
- Practice Exercise 73

Chapter 16
Counting Numbers 74
- Count from one to a million 74
- Sentence Drill (27 Sentences) 78

Chapter 17
Time and Telling the Time 79
- Sentence drill- Telling the time 80
- Other Expressions with Bŭŋ 80
- Time measure table 81
- Time chart for bus transportation service 81
- Practice Exercise 81

Chapter 18
Demonstrative Pronouns/Adjectives 82
- Example of demonstrative pronouns 82

Demonstrative pronouns (243 Sentences)	83
Practice Exercise	83
These and those	83
Sentence drill (243 sentences)	84
More demonstrative pronouns	84
Sentence Drill (12 Sentences)	85
Demonstrative pronouns	85
Practice Exercise (324 sentences)	86

Chapter 19
Comparisons — 87
Sentence drill (6 sentences)	87
Sentence drill (4 sentences)	88
Sentence drill (10 sentences)	88
Practice Exercise	88
Practice Exercise	88

Chapter 20
Tenses — 90
Sentence drill on tenses	90
Practice Exercise	90
Simple Present Tense	91
Simple Present Tense – Negative Form	91
Present Continuous Tense	92
Present Continuous Tense – Negative Form	92
Present Perfect Tense	93
Present Perfect Tense - Negative Form	94
Simple Past Tense	95
Simple Past Tense - Negative Form	95
Past Continuous Tense	96
Past continuous tense – Negative form	97
Past Perfect Tense	97
Past Perfect Tense – Negative Form	98
Future Tense	99
Simple Future Tense, Negative Form	100
Future Continuous Tense	100
Table 100 – Future continuous tense	101
Future Continuous Tense- Negative Form	101
Future Perfect Tense	102
Future Perfect Tense - Negative Form	103
Practice Exercise	104

Chapter 21
Vocabulary — 107
Vocabulary practice	107
Vocabulary practice	108
Sentence drill (84 sentences)	108
Practice Exercise	109
Time and Distance: The Use of Bɔ̀d, Bwiid, Bwiə́, Piid Tiid Mpiŋ Abuɔ́g Děn, Ebàn	110
Bɔ̀d	110
Sentence drill (73 sentences)	110
Bwiid	110
Sentence drill (80 sentences)	111
Bwiə́	111
Sentence drill (54 sentences)	111
Piid	111
Sentence drill (48 sentences)	112
Tiid & Mpiŋ	112
Sentence drill (167 sentences)	112
Abuɔ́g děn	112
Sentence drill (12 sentences)	113
Sentence drill (36 sentences)	113

Chapter 22
The Verb 'Bé' and the Use of a Dé & E Dé — 115
Use of "a dé" and "e dé" as Pronouns	115

Wrong Usage	116	Letter L	126
Interrogatives With A Dé & E Dé	116	Letter M	127
Interrogatives With A Dé & E Dé	117	Letter N	127
Interrogatives With A Dé & E Dé	117	Letter P	128
Interrogatives With A Dé & E Dé	118	Letter S	130
Practice Exercise	118	Letter T	131
		Letter W	133
		Letter Y	134

Chapter 23
Akɔ́sè- English (Engǐsè) Verbs and Nouns 120

Letter B	120
Letter Ch	121
Letter D	122
Letter H	123
Letter K	124

Bibliography	135
About the Author	136

ACKNOWLEDGEMENT

I am indebted to many individuals and groups for their encouragement and help with this project. I am deeply indebted firstly to Robert and Sylvia Hedinger of the Summer Institute of Linguistics (SIL), Yaoundé for their Akɔ́sè alphabet.

Secondly, the Nninong Cultural and Development Association (NICDA) for the initiative taken in constituting among its priority development projects, a committee for Akɔ́sè language study and development and for electing me at the helm of the said committee. For, had it not been because of that initiative taken, *Akɔ́sè Reader and Grammar* will never have been written, I welcome constructive criticism or contributions from anyone more versed than I am in topics discussed in this book. For, it is through such contributions that we may be able to correct mistakes if there be any, and finally produce what might be more refined and acceptable at all times.

A debt of gratitude is owed to my family for the support and encouragement provided especially my wife, Magdalene Ekane, whose unfailing support for the project provided a conducive atmosphere which encouraged me daily to continue writing and through that made the production of this book a pleasant and rewarding exercise. A debt of gratitude is owed equally to all authors whose books I used during the preparation of this work.

My sincere thanks go to Miss Angelbel Print of Molyko, Buea for typing the manuscript. Sincere thanks equally go to Mr. Joseph Fleming Ajab of JOFLACAM Enterprise Buea for his encouragement, advice and assistance on the many details that attend the publication of a textbook.

Finally, I am confident and hopeful that this book will certainly meet the aspirations of Bakossi people and will prove useful and valuable to anyone who will have an opportunity of using it.

Joseph AJALE EKANE

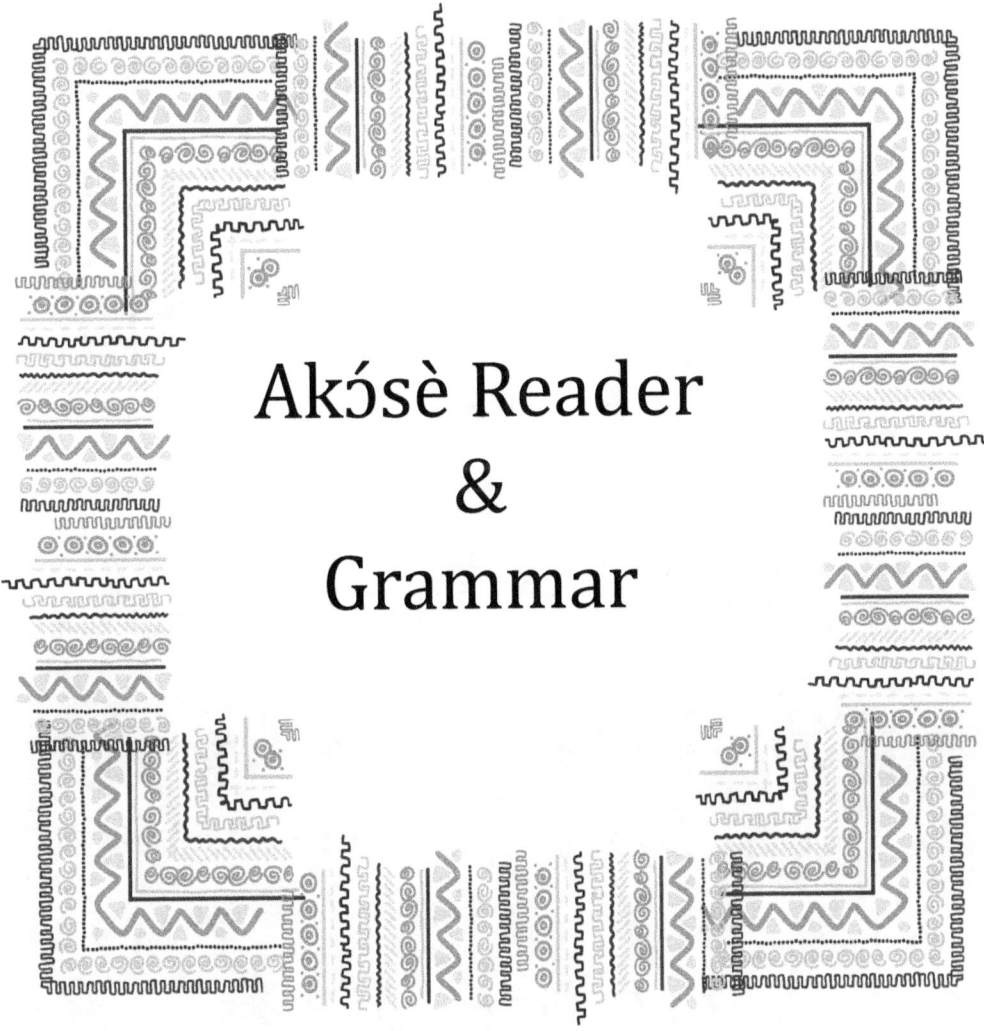

Akósè Reader & Grammar

INTRODUCTION

The production of *Akɔ́sè Reader and Grammar* was motivated principally by the desire to transform into a written language, Akɔ́sè which had existed only in oral form for perhaps thousands of years and consequently preserve it. For, a "written language stores knowledge forever." It was partly also aimed at providing solutions to the problems facing many Bakossi youths today, particularly those born outside Bakossi territory and as such, they find themselves handicapped in either not speaking or being able to understand their mother tongue and consequently appear as strangers among their Akɔ́sè speaking friends. *Akɔ́sè Reader and Grammar* is therefore produced as a handbook to facilitate the teaching and learning of the Akɔ́sè language.

In the preparation of the *Akɔ́sè Reader and Grammar*, a great deal of thought has been given to the use of pronouns, tenses, auxiliary verbs etc., aspects which if well mastered by everyone studying Akɔ́sè would enable them to speak, write and read Akɔ́sè correctly and fluently. This book attempts Akɔ́sè grammar from an analytical point of view and provides a large number of analytical exercises for oral and written work just to give the reader a large number of appropriate exercises to practise the reading and writing of acceptable Akɔ́sè forms. I am hopeful and confident that these will prove useful and valuable to anyone who uses this book.

In producing this book, I had to adopt the alphabet produced in 1977 by Robert and Sylvia Hedinger of the Summer Institute of Linguistics (SIL), Yaoundé comprising 27 letters but with slight modification. Robert and Sylvia Hedingers' alphabet appears as follows:

An adopted Akɔ́sè alphabet

a, b, ch, d, e, ə, g, h, i, j, k, l, m, n, ŋ, ny, o, ɔ, p, r, s, t, u, ū, w, y, z

For convenience, I decided to adopt the following alphabet:
a) Vowels: a, e, ə, (eDla.), i, o ɔ, (o, Dla), u, ū.
b) Consonants: n, ŋ, (ṅ, Dla, ngEng) and ny (ń, Dla.) etc.

My alphabet therefore has eight vowels (8) and nineteen (19) consonants and appears as follows:

Anyone who masters these twenty-seven letters can read and write Akɔ́sè with comparative ease.

N.B. The ū sound is common in Nninong (Aninong) as exemplified in the following: ngūm, Diūb, kūb, ngūm, etc. The use of two letters ny to stand for **ń** sound (Douala) presents a problem in the pronunciation of the word "**nyáŋ**" meaning wildfire, burning bush or grass vegetation as it converts it into **ńaŋ**. A solution to this problem will require the development of a single letter for the ny sound or the adoption and use of the Douala **ń**.

The Alphabet

1	2	3	4	5	6
A	**B**	**CH**	**D**	**E**	**Ə**
Abbàlé	Bŭm	chŭŋ	Dɔ́ktèe	Esàkè	Ebə́né
Akòŋ	Bwăl	chɔ́g	Dŭm	Esèsàg	Ekə̀ŋ
Akùm	Bàd(t)	chɔ̆l	Dĭg(k)	Ehón	Ngə̀l
Annòn	Bŏŋ	chiă	Diə̀ŋé	Eláŋgè	Mbə̀ŋ
Abùm	Baibèl	chiə̀l	Dùu	Ekàg(K)	Ndə̀gè
7	8	9	10	11	12
G	**H**	**I**	**J**	**K**	**L**
Ngálé	Hĭi	ṗii	Jŭŋ	Káb	Làn
Ngùu	Hɔ́sè	Hĭi	Jɔ́g	Kém	Lŏn
Ngiì	Nhàl	Ahìŋ	Jiă	klɔ́kè	Nlém
Ngɔ̀n	Ehón	Pípín	Jiə̀l	kwìɛ́ŋ	Elémbé
Ngə̀l	Ehə̀ŋ	Mwìin	Jɔ̆l	kálàg	Nlóŋgé
13	14	15	16	17	18
M	**N**	**ŋ**	**NY**	**O**	**Ɔ**
Mènýii	Nlàg	Ngùŋ	Nyàm	Lŏn	Mɔ̆ɔ
Măŋ	Ngūm	Bŭŋ	Nyiàg(k)	Nlóm	Mbɔ̀m
Mɔ̆ɔ	Nkə̀ŋ	Chŭŋ	Nyiáad	Mèpòm	Mbɔ́m
Mŭu	Ngwìm	Nsáŋ	Nyăn	Nómbè	Abɔ̀l
Mbónlán	Ngúbélə̀ŋ	Nkióŋ	Nyiàa	Nlálòm	Ebɔ́lág
19	20	21	22	23	24
P	**R**	**S**	**T**	**U**	**Ū**

Páa	Bə́ŕisè	Sàbé	Tákùu	Nkùu	Ekûm
Pókkè	Mwíráŋ	Siáad	Tàmbé	Ngùu	Ekûb
Puə́g(k)	Mbérèe	Sáam	Tɔ̀nè	Mbùu	Kûndé
Pàkkè	Mpéréngàŋ	Siə̀sú	Tuóg(k)	Kúu	Kűn
Pàtèe	Ngèrè	Sùu	Tébélè	Ndùu	Ngûm
25	26	27	**VOWELS**	**CONSONANTS**	
W	**Y**	**Z**			
Awíndé	Yiǎl	Nzèb	a, e	b, ch	ŋ, ny
Wíndè	Yiòb	Nzébèl	ə, i	d, g	p, r
Bwǎl	Yɔ̆ɔd	Nzǐi	o, ɔ	h, j	s, t
Mwěsìi	Eyión	Nzàg(k)	u, ū	k, I	w, y
Mbwə̀ŋ	Eyálè	Nzáŋgèe		m, n	z

At last, Akɔ́sè alphabet provides us the opportunity of writing Akɔ́sè language. It is now time for Bakossi poets, composers of songs, playwrights, gifted writers etc. to rise up to this challenge by utilizing the Akɔ́sè alphabet in increasing knowledge in their respective fields of specialization and through that share knowledge with others. For, it is through doing so that Akɔ́sè language will certainly develop a suitable vocabulary and terminology that will cover all aspects of life in Bakossi society. The production of *Akɔ́sè Reader and Grammar* which is devoted principally on the grammatical structure of Akɔ́sè language, is just my modest contribution in that direction.

CHAPTER 1

UNDERSTANDING TONES IN AKÓSÈ

Tone deals with the rise and fall of the pitch of the voice in speaking. In other words, tone relates to accent or stress on certain syllables of words in sentences. To be able to read and speak any language correctly and fluently, it is essential that the signs associated with the tone of the language must be mastered.

High and Low Tone

In Akósè, the sign for high tone or sound is marked thus (/). This sign (acute accent) indicates or shows that the voice is rising, or it is high. On the other hand, the sign for low tone or sound is marked thus(\). This sign (grave accent) indicates or shows that the voice is descending or it low. In Akósè, accents differentiate between pairs of words with similar spelling and thereby make them have grossly different meanings.

Study the following examples.
1. Nkóŋ - sweet potato
   Nkòŋ - town or continuous built-up area
2. Alúm - debt
   Alùm - art of stitching
3. Ngòlè - name of male. They form two different names
   Ngólé - name of male
4. Nkúmbé - gun
   Nkùmbè - the trunk of a fallen plantain
5. Apág - a hand of banana or plantain
   Apàg - entanglement of lianas
6. Nkúg - the rainy season
   Nkùg - waist
7. Asúŋ - a knot
   Asùŋ - tooth
8. Nzúŋ - talisman

UNDERSTANDING TONES IN AKƆ́SÈ

    Nzùŋ - bile
9. Étúu - plot or foundation
    Ètùu - ear
10. Mbìnzé - sisal hemp
    Mbìnzè - flower
11. Nnám - groundnut paste
    Nnàm - blessing
12. Ngwə́ŋ - a piece of toilet stick
    Ngwə̀ŋ - a type of earth worm
13. Ekű́m - a mysterious place full of riches
    Ekûm - a musical instrument
14. Ètòm - plantain
    Étóm - Pole supporting a plantain
15. Sámée - diarrhea or dysentery
    Sàmèe - name of male
16. Epɔ́lé - name of male
    Epɔ̀lè - name of female
17. Nsàŋ - peace
    Nsáŋ - beads
18. Tùŋ - room
    Túŋ - spoke
19. Kómè - name of male
    Kòmé - name of male
20. Kwə̀ŋ - broom
    Kwə́ŋ - patriotism
21. Nzóŋ - barrel of a gun
    Nzòŋ - oil collected from trough ready for boiling
22. Mbéndé - law, commandment
    Mbèndè - hairdo
23. Mbén - vow
    Mbèn - dam
24. Mbuɔ́g - fear
    Mbuɔ̀g - imprisonment
25. Ebə́ŋ - dyspepsia or gastric pains
    Ebə̀ŋ - death resulting from accident
26. Ábə́ŋ - slap
    Àbə̀ŋ - foot print, hand clapping

27. Ndón - an instrument for taking
    Ndòn - a type of fish
28. Nsíi - sand
    Nsiì - file for sharpening instruments
29. Hè - there
    Hé? - where?
30. Mbóŋgé - pillow
    Mbòŋgè - albino

The Rising Tone

The accent marked thus (ˇ)[1] is circumflex accent turned down side up. It indicates or shows that the voice descends, or it is low and rises again. This is typical with vowel (a) in reported speech of a third person singular form. Study the following examples:

1. Belle hóbé ǎ mo suǎ.
2. Kome ǎ mo wuǎ.
3. A hóbéǎ so nyin mo.
4. Nkwelle ǎ mǒ pè mutè.
5. Kálàgé Diūb (Diob) ǎ mod é dèŋ mwǎnyàŋ n'échén yǒl.
6. Pasto ǎ mitimm'ásólngióŋsambé.
7. Nkwelle ǎ mohógè w' á nyinchǎn.
8. Belle ǎ nyemobébóm'áwin ndáb, etc.

The Falling Tone

The accent marked thus (^)[2] is circumflex accent and it indicates that the voice ascends or rises and descends or it is low again. This is exemplified in the following cases:

âchùu - honey
âwiǎ - pain, poison
âchàŋ - pineapple
âlám - trap
âkìi - key
âchàn - marriage ceremony etc.

---

1 Robert and Sylvia Hedinger: de' tél délângɛ Akɔ́ɔ̄sè, 1977 p. 14.
2 Ibid. p. 25

Sentence Drill – Reported Speech

M' hóbé mě	so bé kiòg - I said that we should go etc. siə bé bótèd nye kom' átè siə bé tiəm be suə siə bé kánè
E hóbé wě	
A hóbé ă	
Be hóbé bán	
Wě chán? Mě	siə bé kiòg nye bótèd nsón siə kom' átè nye kánè
Ă chán? Ă	
Nye bán chán? Se bán	
Bán chán? Bán	

Practice Exercise
Oral or Written Work

1. Using the tables provided above, make up as many sentences as possible to practice reading acceptable Akɔ́sɛ̀ forms.
2. From the sentence drill table above, pick out sentences in direct speech.
3. Translate in English sentences from the sentence drill table above.

CHAPTER 2

LIAISON

Liaison is the linking of final consonants with succeeding words beginning (or ending) with vowels or mute h as in French while speaking or reading.[1] This ensures smooth or fluent reading. Liaison is also important in Akɔ́sè through linkage of consonants with preceding vowels and vowels with preceding consonants as exemplified in the following sentences:

Liaisons

1. Sòm é yáŋténdáb é nkáalé.	1. Sòm‿ é‿ yáŋté‿ ndáb‿ é‿ nkáalé.
2. Ebél é kém é diàgkésàbsàb.	2. Ebél‿ é‿ kém‿ é‿ diàgké‿ sàbsàb.
3. Ngūm é kwidénkumbé.	3. Ngūm‿ é‿ kwidé‿ nkumbé.
4. Se kiòg é duɔ́n.	4. Se‿ kiòg‿ é‿ duɔ́n.
5. Ngɔ́n é pəŋènùu.	5. Ngɔ́n‿ é‿ pəŋè‿ nkùu.
6. Edubé mwan é kiògk'á nsɔ́n.	6. Edubé‿ mwan‿ é‿ kiògk'‿ á‿ nsɔ́n.
7. Same kŭbéngɔ̀l n'ésalé.	7. Same‿ kŭbé‿ ngɔ́l n'‿ ésalé.
8. NèeNzolehúpènsɔ́n.	8. Nèe‿ Nzole‿ húpè‿ nsɔ́n.
9. Chié m' bólèe ndáb?	9. Chié‿ m'bólèe‿ ndáb?
10. Me nkénból-lénsɔ́n.	10. Me‿ nké‿ nból-lé‿ nsɔ́n.
11. Hé be nk' á?	11. Hé‿ be‿ nk' á?
12. Benkénhuppémelemè	12. Be‿ nké‿ nhuppé‿ melemè.
13. Ankénnyin –né mè.	13. A‿ nké‿ nnyin –né‿ me.
14. Nye pédéwun e?	14. Nye‿ pedé‿ wun‿ e?

---

1 Funk & Wagnals: Standard Dictionary

15. Nye bólé nsón e?	15. Nye‿ bólé‿ nsón‿ e?
16. Me nláŋ Akósè.	16. Me‿ nláŋ‿ Akósè.
17. Me nkĕ 'kè.	17. Me‿ nkĕ‿ ' kè.
18. Kód é mod é hée nén?	18. Kód‿ é‿ mod‿ é‿ hée‿ nén?
19. Hód échén éhób.	19. Hób‿ échén‿ éhób.
20. Hób éhóbAkósè.	20. Hób‿ éhób‿ Akósè.
21. Me nkénluògk' á pè	21. Me‿ nké‿ nluògk'á‿ pè.
22. HóbAkósètè.	22. Hób‿ Akósètè.
23. Chán n' á déeEngisètè?	23. Chán‿ n' á‿ dée‿ Engisètè?
24. Chié chén? Ndáb(p) chodé	24. Chié‿ chén?‿ Ndáb(p)cho‿ dé.

Practice Exercise

Oral and Written Work

1. Read the above sentences following the liaison links provided.
2. Make similar sentences and indicate liaison lines or links.

CHAPTER 3

SENTENCE PRACTICE

Sentence with subject and predicate

	(NAMING PART) SUBJECT	PREDICATE (TELLING PART)
1	Paule	diàg ndiid – (is eating food)
2	Mesumbe	dé hán – (is here)
3	Etone	kiòg é/á duɔn (dion) – (is going to market)
4	Sube	pédé mbwimbwè (nán/ péréd) (arrived in the morning)
5	Sube	pédé mute – (arrived by day)
6	Sube	pédé nkùu – (arrive at night)
7	Sube	pédé ngukól (nán) – (arrived in the evening)
8	Sube	pédé epɔ̆ mbwimbwè – (arrived in the morning)
9	Ekolle	pédé nléed mute – (arrived mid-day)
10	Enone	pédé nléed ménkùu –(arrived mid-night)
11	Sone	Wúu snón mwĕbàn
12	Ndelle	kiòg é/á nsón epuntə́
13	Ntube	d'á ndáb bɔd (nán)
14	Nkwelle	Wúu bɔ̀d (dĕn)
15	Dielle	chámè ndiid bɔ̀d (nán)
16	Ebude	Wúu nsón sé bwiid
17	Ngome	sól'á ndáb bód (nán)
18	Kolle	húu ngùu
19	Kome	pédé wun bɔ̀d (dĕn)

SENTENCE PRACTICE

	(NAMING PART) SUBJECT	PREDICATE (TELLING PART)
20	Ntube	nyiné me chii

Subject + Verb + Adjective + Object

	SUBJECT	VERB	ADJECTIVE	OBJECT
1	Sone	wiáa/hédé	nsálted –(torn)	mbɔ́té (shirt)
2	Sone	wiáa/hédé	nkəŋ – (torn)	m' ábàd (cloth)
3	Sone	wiáa/hédé	étub – (old)	étrósé (trousers)
4	Sone	wiáa/hédé	myiàb – (torn)	m' ábàd (cloth)
5	Sone	wiáa/hédé	nyuktéd	mbɔ́té (shirt)
6	Sone	wiáa/hédé	pubáa/pubée - (white)	nkũbè (shirt)
7	Mesode	wiáa/hédé	attúb – (old)	metámbé (shoes)
8	Ngeme	wál-lé	nsàlted	mbɔ́té (shirt)
9	Ngeme	wál-lé	nkəŋ	m' ábàd (cloth)
10	Ngeme	wál-lé	étub	é nkũbe (shirt)
11	Ngeme	wál-lé	nnyiàb	m' ábàd (cloth)
12	Ngeme	wál-lé	pubáa/pubée	mbáŋgé (cocoyam)
13	Melle	húu	nkɔ́ŋted – (lean)	ngùu (pig)
14	Epie	cháné	nnyiàbtéd –(torn)	n' kálàg (book)

Subject + Verb + Adverb

	SUBJECT	VERB	ADVERB
1	Nkwelle	kiòg – (walks)	wèg, mŏwèəg–(slowly)
2	Nkwelle	kiòg	mehélé, mehélé mehélé, - (quickly)
3	Nkwelle	kiòg	wiáabwiàab, wiáab – (quickly)
4	Nkwelle	kiòg	liòŋ, mŏliòŋ–(slowly)
5	Nkwelle	kiòg	mehélé, mehélémehélé, - (quickly)
6	Sone	bólè-(does)	chìnnéd chìnnèd,
7	Sone	bólè	pùtédpùtèd
8	Sone	bólè	tómtòm
9	Sone	bólè	páŋtédpàŋtèd

	SUBJECT	VERB	ADVERB
10	Sone	bólè	wòmtédwòmtèd
11	Kome	nón – nè –(looks)	páted pàtèd
12	Kome	nón – nè	bə̀gèd
13	Kome	nón-nè	chùd chùd
14	Kome	nón-nè	tómtòm
15	Kome	nón-nè	yáŋ- yàŋ
16	Diabe	hóbè/chòmè	tádlán tàdlàn
17	Diabe	hóbè/chòmè	pùtéd pùtèd
18	Diabe	hóbè/chòmè	tóm tòm
19	Diabe	hóbè/chòmè	tónlán tònlàn
20	Diabe	hóbè/chòmè	pùtéd pùtèd

Practice Exercise

Oral or Written Work

1. From the tables provided above, make as many sentences as possible to practice reading acceptable Akɔ́sè.
2. From the tables above, give the English equivalents of Akɔ́sè verbs used.
3. From the table provided, pick out adjectives that have equivalents in English.
4. From the table provided, pick out adverbs that have equivalents in English.
5. From the table provided, give the English names of the things listed in the column headed object.

CHAPTER 4

SENTENCE PRACTICE WITH NOUNS

Subject is the naming part of a sentence. It is either a noun or pronoun. A noun is either the name of a person, place or thing. Study the following examples:

Subject + predicate (noun or pronoun)

SUBJECT	PREDICATE
	(NOUN OR PRONOUN)
1. Same	wiáa nsàltéd mɔ́té - (wears a torn-shirt)
2. Sone	wiáa nkəŋ m'ábàd- (wears a torn cloth)
3. Belle	hédé étub é trɔ́sè – (wears a torn trousers)
4. Hene	kiòg mɔ̌lioŋ - (goes slowly)
5. Dielle	kiòg mehélé - (goes quickly)
6. Ngeme	wúu nsɔ́n – (returned from work)
7. Mesode	húpè nsɔ́n bɔ́d - (weeding now)
8. Nzole	pédé nléed mute - (arrived mid day)
9. Ngome	nyiné mo bwiid - (saw him since)
10. Ne Mesode	suɚ́ bɔ́d nán - (returning home now).
11. Se	kiòg é/á duɔ́n (dion) - (going to market)
12. Be	sɔ́lé esukulè ngioŋ sambé.
13. Nye	pédé wun é?
14. Be	didé pubáa/ pubée mbaŋgé
15. Ny'	á wálé esuŋ é ntɔ́ŋ e?
16. B'	á nyin mo chii e?

Practice Exercise
Oral or Written work
1. From the table provided above, make as many sentences as possible to practise reading Akósè
2. Rewrite sentences provided above by substituting plurals with singulars of personal pronouns in subjective case.
3. Pick out Akósè verbs in the predicate column and give their English equivalents.
4. Translate the sentences in English, the first numbers have been done for you.

A noun is either the name of a person, place or thing. Study the following examples:

Practice with nouns

Nkwelle	Ndáb - (house)	Mwanenguba
Mesumbe	Abwii - (kolanut)	Nninong
Ekane	Sabé - (orange)	Bangem
Belle	Ngùu – (pig)	Kumba
Mesode	Nkáŋkùm – (tree)	Mwaku
Epie	Nzàlàa - (tree)	Mwebah
Diabe	Ebólág - (tree)	Tombel
Sone	Nyiàa/ Nyiàad - (buffalo)	Nkiko
Ngube	Nhàl - (bird)	Mwambong
Epote	Kuóm - (Kite)	Mwamenam
Hulle	Yŏɔd - (Hawk)	Buea
Serah	Ngūm - (Porcupine)	Tiko
Elizabeth	Hĭi – (Camwood)	Elum
Otto	Nkóŋ - (Sweet Potato)	Nkack
Phillip	Chŭŋ - (hoe)	Njom

Nouns-Singular & Plural Forms

Some nouns if changed into plurals begin with the prefix (**Me**). Study the following examples:

Practice with Plural nouns

SINGULAR	PLURAL	SINGULAR	PLURAL
Ndè	Méndè	Ndáb	Méndáb
Apùd	Mépùd	Asuàŋ	Mésuàŋ
Nzii	Ménzii	Epiòŋ	Mépiòŋ
Abùm	Mébùm	Akɔ́lé	Mékɔ́lé
Achàŋ	Méchàŋ	Abwii	Mébìi
Apàb(p)	Mépàb(p)	Ahiŋ	Méhíŋ
Annòn	Ménòn	Aláam	Méláam
Akòŋ	Mékòŋ	Ekùu	Mékùu
Apág(k)	Mépág(k)	Aláa	Méláa
		Bwèl	Mèl

Some plural nouns begin with the prefix **(Be)**. Study the following examples:

Practice with Nouns that begin with be

SINGULAR	PLURAL	SINGUALR	PLURAL
Nchúm	Bèchŭm	Nmwiáad	Bèbáad
Sabé	Bèsabé	Ngulè	Bèngulè
Nsuŋnèd	Bèsuŋnèd	Ngàa	Bèngàa
Nkén	Bèkèn	Chŭm	Bĕm
Ntáŋ	Bètáŋ	Wˇŋ	Bĕŋ

Some plural nouns begin with the prefix (A). study the following.

Practice with nouns that have an A prefix

SINGULAR	PLURAL	SINGUALR	PLURAL
Etóndé	Atóndé	Ekwèg	Akwèg
Esálé	Assálé	Ekwiə̀, Ekwə	Akkwiə̀
Ebuòg	Abbuòg	Edéb	Addéb
Ekùu	Akkùu	Ebə́ŋé	Abbə́ŋé

Some plural nouns begin with the prefix **(Mi)**. Study the following.

Practice with nouns that have Mi prefix

SINGULAR	PLURAL	SINGUALR	PLURAL
Diəsè	Miəsè	Diəŋé	Miəŋé
Dĭg(K)	Mĭg(K)	Dĭsik	Mĭisik
Mwiráŋ	Miráŋ	Mwiin	Miin
Dĭi	Mĭi	Dĭsè	Mĭisè
Mwəsú	Miəsú	Dĭŋ	Mĭŋ

Some plural nouns begin with the prefix (**Ba**). Study the following examples;

Practice with nouns that begin with Ba prefix

SINGULAR	PLURAL	SINGUALR	PLURAL
Mód (mót)	Bád(bát)	Mwăn	Băn
Mónchŭm	Báchŭm	Módsè(Mótsè)	Bádsè
Mŏchùm	Băbém	Mŏmòd	Băbàd
Mwăn	Băn	Mwĕsìi	Bănnésìi

Some plural nouns retain their singular form. Study the following examples:

Plural nouns that retain their singular form

SINGULAR	PLURAL	SINGUALR	PLURAL
Kúb(p)	Kúb(p)	Mŭl	Mŭl
Ntióg(k)	Ntióg(k)	Ngũb	Ngũb
mbɔd	Mbɔd	Ngìi	Ngìi
Ngè	Ngè	Nsɔl	Nsɔl
Ngùu	Ngùu	Ngûm	Ngûm
Nyùŋ	Nyùŋ	Nkwiə́	Nkwiə́
Nzàg(k)	Nzàg(k)	Mbíi	Mbíi

SENTENCE PRACTICE WITH NOUNS

Abstract nouns: Some abstract nouns from verbs. Study the following examples:

Practice with abstract nouns

NOUN	MEANING	VERB	MEANING
Nsiə̀gé	assessment	siə̀gé	to assess to comb etc
Nhébè	assistance, help	hébé	to help, to assist etc
Tóŋgé	assessment, census	tóŋ	to count, to assess etc
Meyûntàn	thoughts	yúntán	to think, etc
Nhə̀gtéd	wants, desires	hə̆g	to want, to find, etc
Nkùntàn	acceptance, agreement	kùntán	to accept to agree, etc

Practice Exercise

Oral or Written Work

Give the plural of the following nouns:
1. Ndè, Ndáb, Nzii, Annòn, Ekùu, Apàb, Ngàa, Nkèn, Bwə̀l
2. Give the singular of the following nouns:
3. Mĭisè, Miə̀sé, Mékùu, Abbúmé, Mètìi, Mékùm, Méláa, Mékáa, Mékòŋ
4. Give abstract nouns that can be derived from the following verbs:
5. Cháŋ, dĕŋ, dúbé, dùsán, hébé, hób, kàntán, kùntán
6. From the tables provided, give the English equivalents of singular and plural nouns indicated.
7. Give the prefixes necessary in the formation of plural nouns in Akósè.

CHAPTER 5

PRONOUNS

A pronoun is a word which stands in place of a noun

Personal Pronouns – Subjective case

SINGULAR			PLURAL		
1st person me	Me	I	1st person	Se	We
2nd person (wo)	we	you	2nd person	Nye	You
3rd person (mɔ)	mo	He/She	3rd person	Be	They

1. M'(e)dé hán. Here, (e) is silent and should be omitted.
2. (W)E dé hán. Here, (w) is silent and should be omitted.
3. (Mo) A dé hán. Here, (mo) is implied even if not expressed.
4. Se dé hán.
5. Nye dé hán.
6. Be dé hán.

The above pronouns in subjective case will therefore be as follows:

Sentence drill with personal pronouns

1. M'dé hán	I am here	M'	bólè - (doing)	nsɔ́n - (work)
2. E dé hán	You are here	E	kwɛ́lè – (felling)	bwɛ̀l - (tree)
3. A dé hán	He/she is here	A	chánè - (buying)	nyàm - (meat)
4. Se dé hán	We are here	Se	sómè – (selling)	ndiid - (food)
6. Nye dé hán	You are here	Nye	yiókè - (learning)	kálàg - (book)
7. Be dé hán	They are here	Be	hóbè - (speaking)	Akɔ́sè

Practice Exercise
Oral or Written Work
1. Using the table provided, make as many Akósè sentences as possible with personal pronouns in subjective case.
2. Give the English equivalents of pronouns in subjective case.
3. Translate in English all Akósè sentences from the sentence drill table provided above.
4. Give the English equivalents of Akósè verbs from the sentence drill table provided above.

Personal pronouns – objective case

SINGULAR			PLURAL		
1st person	Me	Me	1st person	Se	Us
2nd person (wo)	We	You	2nd person	Nye	You
3rd person (mɔ)	Mo	Him/Her	3rd person	Bo	Them
3rd person (ché)	cho		3rd person	(ché) cho	
3rd person (dé)	do		3rd person	(dé) do	

The use of the above personal pronouns in the objective case is exemplified in the sentence drill tables which follow:

Sentence drill – Personal pronouns with objective case

Sone	nyiné (Saw)	Wo/we	(You)
Ngome	bómné (met)	Me	Me
Epie	héppé (helped)	Mɔ/mo	Him/her
Nyome	yiógté (taught)	Se	US
A	tél-lé (wrote)	bo	Them
Be	lɔl-té (greeted)	nye	You

More drills on personal pronouns with objective case

M'	sómé (sold)	(ché) chó	.... have sold it
E	húu (killed)	chó	.... have killed it
A	nyiné (seen)	chó	.... have seen it
	túbé (pierced)	(dé) dó	.... have pierced it
Se	sàlé (torn)	dó	.... have torn it.
Nye	yáŋté (burnt)	dó	.... have burnt it.
Be			

Practice Exercise
Oral or Written Work
1. Using the tables provided above, make as many sentences as possible to practice reading acceptable Akɔ́sè forms.
2. Give the English equivalents of personal pronouns in the objective case.
3. Give the English equivalents of Akɔ́sè verbs in the tables provided above.

Personal pronouns, objective case

Personal Pronouns	Objective case
SINGULAR	PLURAL
1st person- á wim - to me, at me	1st person- á wə́gsé -to us, at us
2nd person- á wóŋ - to you, at you	2nd person- á wə́gnyé – to you, at you
3rd person- á wé - to him/her, at him/ her	3rd person- á wə́gbo- to them, at them

The use of the above personal pronouns in the objective case is illustrated in the sentence drill tables below:

Sentence drill

M'	sómé (sold)	(cho)ch'	á wé
	lómé (sent)	(do)d'	á wóŋ
A			
Se	biǎ/bàgé (gave)		
			á wə́gnyé (wə́dnyé)
	súté (returned)		á wə́gbo
Be	Pěn-né (brought)		

Practice Exercise
Oral or Written work
1. Using the sentence drill tables provided, make as many sentences as possible to practise reading acceptable Akɔ́sè forms and also learn the correct usage of personal pronouns in the objective case.

Question and answer drill
  Sentences (Objective Case)

PRONOUNS

Nzé húu ngùu? -we (wo)?- You? (who killed the pig?)	Kám, sáké me. No, not me.
.... mo(mɔ)? He/she?	Kám, sáké mo. No, not him/her.
....nye? -You?	Kám, sáké se. No, not us.
....be? -They?	Kám, sáké bo. No, not them.
Nzé pádé besabé? Nzé bɔ́dé mɔ̀nné? Nzé chámé ndiid chii?	

2. Using the above table, make as many sentences as possible to revise knowledge of pronouns in the objective case.

Personal Pronouns: So (sɔ), siə, de - Both subjective and objective cases.
Study the table below:

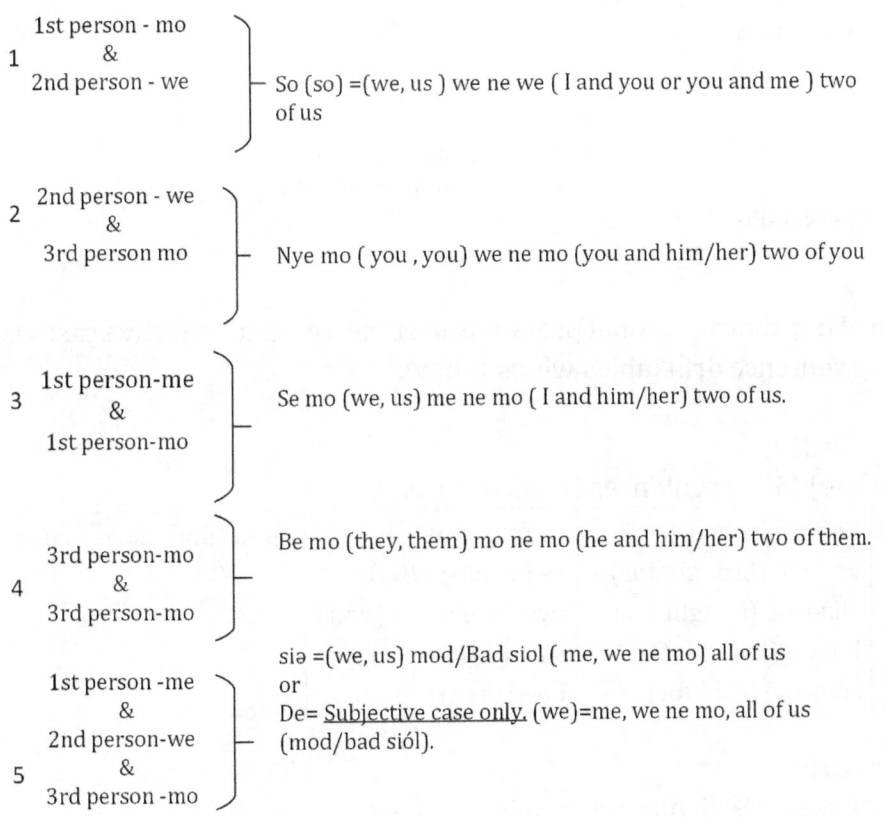

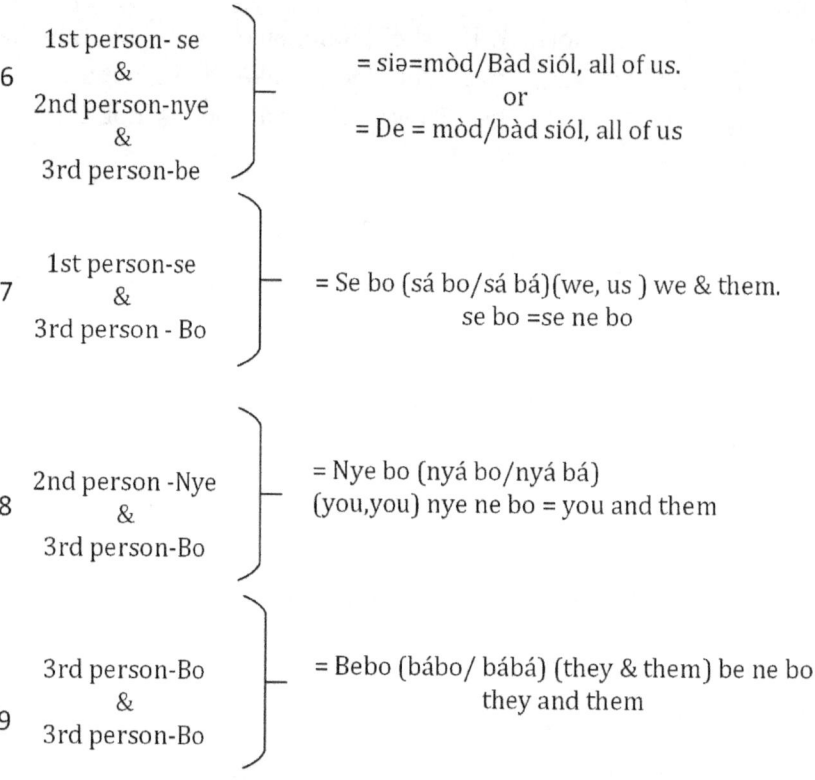

The use of the above personal pronouns in subjective and objective cases is exemplified in the sentence drill tables which follow:

(a) Sentence Drill
  (Object Case) (100) sentences (objective case)

Kome	Chánté (sold to)	so (sɔ) - (us)	ngùu (pig) - sold to us a pig
Ngome	wál-lée (brought for)	se (se mo) - (us)	
A	chán-né (bought for)	nye (nye mo) - (you)	
Be	húudé (killed for)	siə - (us)	
	sóm-mé (sold for)	bo - (them)	

(b) Sentence Drill
  (Subject Case) (18) Sentences (Subjective Case)

PRONOUNS

So (sɔ) (we)	kánè mékanè mmé saŋgué – we should pray /Let us pray (two of us)
	kòn nkiòŋgé 265 - we should sing/Let us sing (two of us)
	kiòg mehélé - we should go/Let us go (two of us)
	suə́ Ekósè - we should return/Let us return (two of us)
Siə (we) De (we)	kánè mékanè mmé saŋgué – we should pray/Let us pray(all of us)
	kón nkiòŋgé 265 - we should sing/Let us sing (all of us)
	kiòg mehélé - we should go/ Let us go (all of us)
	suə́ Ekósè - we should return/Let us return (all of us)
	làŋ Akósè Grammar - we should read/Let us read (all of us)
	wuòg mboŋ mé nkálàŋ - we should hear/Let us hear (all of us)
	ból-lè Diūb(Diob) - we should serve/Let us serve (all of us)

Practice Exercise

Oral or Written work

1. Using the sentence drill tables provided, make as many sentences as possible to practise reading acceptable Akósè forms.
2. Choose suitable pronouns in the following sentences.
   (i) Sone húudé (we/wo) ngúu.
   (ii) A lúmté (mo/a) (cho/ché).
   (iii) (M'/Me) lúmté (bo/be) (á wim/àwim).
   (iv) (Be/Bo) lúmté (me/m') ècheg (bo/be) ndab.
   (v) M'/Me) pédé (á wé/áwé) kénné nye wúu.
   (vi) (Be/Bo) bómné (mo/m') nzii kénné (bo/be) súə́ə.
   (vii) (Se/S') nyinée (bo/be) pondé (bo/be) tomée.
3. Fill the blanks with suitable pronouns in the following sentences:

Lonéd attə́l ne pronouns éché boŋnée/ təŋgané

   a) .... kón nkióŋgé 265. (me ne we)
   b) .... diè ndiid è mbwimbwè. (we ne mo)
   c) .... hób Akósè. (me, we, ne mo)
   d) M'nyiné .... mutè nán. (we, ne mo)
   e) Se bómné .... á meyál mé nzii. (nye ne bo)
   f) Be lúmté ....nzii esukulè. (me ne we)
   g) Be nyiné .... mutè nán. (we, ne, mo)

CHAPTER 6

POSSESSIVE ADJECTIVES/PRONOUNS

Possessive adjectives/pronouns show ownership or declare who owns something. Study the following examples:

Possessive adjectives

SINGULAR	PLURAL
1. èchim	
1st person- èchim - my, mine	1st person- èchágsé - our, ours
2nd person èchóŋ - your, yours	2nd person échágnyé - your, yours
3rd person- èché – his/her, his/hers	3rd person- èchágbo - their, theirs
2. àdém	
1st person àdém - my, mine	1st person àdágsé - our, ours
2nd person àdóŋ - your, yours	2nd person àdágnyé - your, yours
3rd person àdé - his/hers	3rd person àdágbo - their, theirs
3. àwim	
1st person àwim - my, mine	1st person- àwágsé - our, ours
2nd person àwóŋ - your, yours	2nd person- àwágnyé - your, yours
3rd person àwé - his/her, his/hers	3rd person -àwágbo - their, theirs
4. àbbwim	
1st person àbbwim – my, mine	1st person -àbbwágsé - our, ours
2nd person àbbwóŋ- your, yours	2nd person- àbbwágnyé - your, yours
3rd person àbbwé- his/her, his/hers	3rd person- àbbwágbo - their, theirs
5. **Mmém**- plural of àbbwim and àdém **Abém** – plural of àwim	

POSSESSIVE ADJECTIVES/PRONOUNS

6. **Mmém**	
1st person mmém- my, mine	1st person-mmə́gsé - our, ours
2nd person mmóŋ- your, yours	2nd person- mmə́gnyé -your, yours
3rd person mmé-his/hers	3rd person- mmə́gbo - their, theirs
7. **àbém**	
1st person àbém- my, mine	1st person-àbəgsé - our, ours
2nd person àbóŋ- your, yours	2nd person- àbə́gnyé - your, yours
3rd person àbé-his/hers	3rd person- àbə́gbo - their, theirs

1. Possessive Adjective/ Pronoun - Joint Ownership

Study the following examples:

Possessive adjective/pronoun - Joint ownership

1st person singular - me
           &   = So= èchə́gso-our, ours (two of us) we ne me
2nd person singular - we   e.g.,   àdə́gso
                                   àwə́gso
                                   àbə́gso
                                   mmə́gso

1st person singular - me
           &   = Se mo= èchə́gsé mo-our, ours (two of us) me ne mo
3rd person singular - mo   e.g., èchə́gsé mo
                                   àwə́gsé mo
                                   àbbəgsé mo
                                   mmə́gsé mo

2nd person singular – we (wo)
           &   = nye mo= èchə́gnyé mo-your, yours (two of you)
3rd person singular – mo   we ne mo=àdə́g nyé mo
                                   e.g., àwə́g nyé mo
                                   àbbə́g nyé mo
                                   mmə́g nyé mo

1st person singular–me
           &
2nd person singular - we (wo) = siə = èchə́gsiə -our, ours (all of us) we, me ne mo
           & e.g.,   àdə́gsiə
3rd person singular - mo   àwə́gsiə
                                     àbbə́wgsiə
                                     mmə́gsiə

1ˢᵗ person plural -se
        &   = Se bo or Sá bo=èchəg sá bo- our, ours.
3ʳᵈ person plural -be   e.g.,   àdəgsá bo
                                         àwəgsá bo
                                         àbbəwgsá bo
                                         mməgsá bo

1ˢᵗ person plural -se
        &
2ⁿᵈ person plural -nye = Siə = èchəgsiə -our, ours (all of us) nye, se ne bo
        & e.g.,   àwəgsiə
3ʳᵈ person plural –bo   àbbəgsiə
                                      mməgsiə

2ⁿᵈ person plural -nye
        &
                                        = nye bo - échəgnyé bo - your, yours
3ʳᵈ person plural –bo   ádəgnyé bo(ádəgnyá bo)
                                      áwəgnyébo(áwəgnyá bo)
                                      ábbəgnyé bo(ábbəgnyá bo)
                                      mməgnyé bo(mməgnyá bo)

The use of possessive adjectives and pronouns in Akɔ́sè is exemplified in sentence drill tables and exercises provided below.

Sentence Drill- Possessive Adjectives (224)

Diabe	Sómé (sold)	Èchim (my)	Ngùu (pig) sold my pig
	húu (killed)	Èchóŋ (your)	hɔ́sè (horse)-
Sume		Èché (his/her)	
	bwimé (shot)	èchəgsé (our)	
Be		èchəgnyé (your)	
	cháné (bought)	èchəgbo (their)	
Nye		èchəgsiə (our)	

POSSESSIVE ADJECTIVES/PRONOUNS

Sentence Drill- Poss. pronouns(18) Sentences Poss. Pronouns

Abbwim	bén	bè	bwini	This is mine	That is mine, etc.
Abwǝ́gbo	bén	bè	bwini	This is theirs	That is theirs etc.
Abwǝ́gso	bén	bè	bwini	This is ours	That is ours etc.
Àwé	nén	nè	nini	This is his/hers.	That is his/hers, etc.
Àwóŋ	nén	nè	nini	This is yours.	That is yours, etc.

Practice Exercise
Oral or Written Work
1. Using the sentence drill tables provided, make as many sentences as possible to practise reading acceptable Akɔ́rsè forms.
2. From the tables provided, pick out possessive adjectives and pronouns.
3. Pick out possessive adjectives of joint ownership

2. Possessive Adjectives - Singular and Plural Forms

In Akɔ́sè, adjectives like nouns have plurals same as it is in French. When the noun is singular, the adjective describing it is singular also. When the noun is plural, the adjective describing it is in plural also. Study the following examples:

Possessive adjectives singular and plural forms

SINGULAR	PLURAL
Adém akán (my affair)	Mmém mékàn (my affairs)
Awim nyá (my mother)	Abém bényá (my mothers)
Awim mwǎn (my child)	Abém bǎn (my children
Abbwim bwǝl (my tree)	Mmém mǝl (my trees)
Abbóŋ bwǝl (your tree)	Mmóŋ mǝl (your trees)
Adém dǐg(k) (my eye)	Mmém mǐg(k) (my eyes)
Adóŋ dǐg(k) (your eye)	Mmóŋ mǐg(k) (your eyes)
Adé dǐŋ (his/her name)	Mmé mǐŋ (his/her names)
Awim lò (my thing)	Abém bélò (my things)
Echim ndáb (my house)	Mmém méndáb (my houses)
Awim wěŋ (my friend)	Abém běŋ (my friends)

Practice the following examples
Oral or written Work
   a) Put the following into the possessive case.

1. Nye húu se ngùu
2. A sómé bo ndáb
3. A bii me ndáb
4. Se nyiné we kálàg
5. E pádé mo besabé
6. Nye sómé mo kálàg
7. E sálé me mbɔ́té
8. Be lábé me lŏn
9. Nye lɔ́gné me mwăn.
10. Be bii mo ndáb
11. E túbé mo dĭg (k)
12. Be bii mo mĭŋ
13. M' téné mo dĭŋ
14. M'láa bo kálàg
15. Be kwə́lé mo bwə̀l
16. Nye sálé se ndáb
17. Be hùu se ngùu.
18. Ngole nyiné se esukulé.
19. Ngole sómé moáwindé
20. Ntube húbé mo mélémè.

b) Choose suitable pronouns/ possessive adjectives in the following sentences:
1. (A/Mo) télé mmə́g (be/bo) mĭŋ.
2. (M'/Me) biŏ (be/bo) (èchim/àwin kálàg.
3. (Be/Bo) súuté èchə́g (be/bo) kálàg
4. (M'/Me) tén-né (àbém/àwim) bényá kálàg.

c) Fill the blanks with suitable possesives.
1. A húu ....ngúu (échim ne èché).
2. Be lúmté se..ndáb (èchóŋ ne èché).
3. Be nyinè ....ésukulè (èchóŋ, échim ne èché).
4. Be kwə́lé .... bwə̀l (àbwə́gsé ne àbwə́gbo).

POSSESSIVE ADJECTIVES/PRONOUNS

3. Usage And Meaning Of Áwé and Èché

The meaning of these words is dependent on their usage. Study the following examples:

1)
1. àwé nkèn. His/her guest or stranger
2. àwè mwǎn. His/her child
3. àwé nsón. His/her friend

In all the above cases, àwé is possessive adjective of 3rd person singular.

2)
a. èché ngùu. His/her pig.
b. èché kálàg. His/her book
c. èché ndáb. His/her house.

In the above cases also, èché is possessive adjective of 3rd person singular.

3)
a. a) Nkèn **(àwè) pédé**, á bii me. Who has arrived.
b. b) Mwǎn (àwè) **è wé pédé** a sáŋté se. Who has arrived.
c. c) Modàwè è wé sól'á ndáb á bii se. Who has entered the house.

4)
a. Kúb èché didé mbaŋgé, é pédé. Which has eaten cocoyams.
b. Ngúuèché didé mbaŋgé, é sólé. Which has eaten cocoyams.
c. Mbód èché sàlé akké, é sólé. Which has broken the fence.

In 3 and 4 above, the underlined sections of the sentences form subordinate adjectival clauses which qualify subjects of the main clauses. In 3 & 4 also, àwè and èché are relative pronouns (who and which), which introduce subordinate adjectival clauses. But generally, àwè is used for persons while èché for things.

Sentence Drill - 128 Sentences

| Mód (man)
Mwǎn (child)
Nkèn (guest)
Mmwiáad (woman) | **Who**
àwè (è wé) | sól'á ndáb
lóm mé me kálàg
kǎl-lé siə pólè | (é/á) | sáŋté me (greeted me)
dée mwǎn nè (is my brother)
pěn-né ndiid (brought food)
húu kúb (killed a fowl) |

Kúb (fowl)		dídé mbangé	(é)	wídé (is dead)
Ngùu (pig)	èché	sàlé akké		sólé (has entered)
Mbód (goat)	**which**	pédé nkèn		búgé (has gone out)
Nyàm (animal)		púbè mékùu		sŏmé (is hidden)

Practice Exercise

Oral or written work

1. Using the sentence drill table provided, make as many sentences as possible to practise reading acceptable Akɔ́sè forms.
2. Pick out as many acceptable subordinate adjectival clauses as possible from the table provided above.
3. Pick out as many main clauses as possible from the sentence drill table provided above.
4. Make sentences with àwé and èché, firstly as possessive adjectives and secondly as relative pronouns.

CHAPTER 7

REFLEXIVE PRONOUNS

Reflexive pronouns are marked or characterised by self, e.g., myself, yourself, himself, etc. They are used for emphatic purposes or to indicate that the action is upon the doer himself or herself. They equally express that an action was done alone or without any help. Study the following examples:

1. M'á kè Eseme nyin – I will go and see Eseme.
2. **Mměn** m' á kè Eseme nyin (emphatic). I will see Eseme **myself**.
3. Nzé bólé nán? - who has done this?
4. Me m'bólé nè or M'á m'bólé nè - I have done it.
5. **Mměn** ne m'bólé nè (emphatic and action done unaided)- I have done it **myself**

Study the table below:

Sentence drill

SINGULAR	PLURAL
1st person Mměn myself	1st person Seběn ourselves
2nd person Emŏn yourself	2nd person Nyeběn yourselves.
3rd person (Mo, mɔ)mwĭn himself/herself chĭn, bwĭn, děn, itself	3rd person (Bo) běn themselves chĭn, děn, itself

The correct usage of the above reflexive pronouns is exemplified in the sentence drill tables which follow below:

Sentence Drill 216 Sentences

Sone	nyiné ne (saw)	Emǒn	Yourself
Dielle	bómné ne (met)	Mměn	Myself
Emade	héppé ne (helped)	Mwǐn	Himself/herself
Palle	yiógté ne (taught)	Seběn	Ourselves
Ngome	tél-lé ne (wrote)	Běn	Themselves
Toke	lɔ́l-té ne (greeted)	Nyeběn	Yourselves

Sentence Drill (140) Sentences

M'	bómné(né) (met)	mwǐn	é/á méyál mé nzii -(at road junction)
Be	nyiné(né) (saw)	emǒn	é/á ndábé nkúlè -(at the hospital)
Se	lúmté(né) (showed)	běn	Ndáb é mitim - (the church)
Ndode		mwǐn	Nzii mésin(nkɔ́ké) -(railway)
Halle		emǒn	Ndáb é dóktèe - (the hospital)
M'	húu(né) - (killed)	échim ngùu -(pig)	Chǐn -(itself)
Se	bwimé(né) - (shot)	échim nyiág(k) -(cow)	
Ngome	lúmté(né)(showed)	échim hɔ́sè -(horse)	

Practice Exercise

Oral or written work

    a. Using the sentence drill tables provided above, make as many sentences as possible to practise reading acceptable Akɔ́sè forms.

    b. Fill the blank spaces with suitable reflexive pronouns

1. Lonéd attɔ́l ne pronouns échè bóŋńee/ tɔ́ŋgané.
    1. Belle ____ né kwə́lé bwə̀l.
    2. Nzole _____ né chámé ndiid chii.
    3. Ndelle ____ né húu ènén kúb.
    4. _____ m'áp'á wé mbwimbwè.
    5. Sube ____né chám-mé mo ndiid.
    6. Be déŋé nán ____ nyé bol mmén nsɔ́n.
    7. Se hə́gè nán ____ nyé chám ndiid.

a) Choose suitable personal, possessive and reflexive pronouns in the following:
    1. (M'/Me) hə́gè mě (mo/mwǐn) é bol mmén nsɔ́n.
    2. (Be/ Bo) hóbé bán (boběn/beběn) b'ányin me.

3. (A/Mo) nyiné né (mměn/ me) kénné m'sólée ndáb.
4. (Bo/Be) chəl-lé né (emǒn/we)
5. (Se/S') lóm-mé né (nye/ nyeběn) kálàg.
6. (Bo/Be) bómné (Se/seběn) á méyál mé nzii
7. (Bo/Be) kál- lé né (seběn/nye) pɔ́lè
8. (A/Mo) nyiné né (me/ mměn) á mbug é ndáb.
9. (Be/Bo) húu né (èchim/mměn) kúb (chǐn/děn).
10. (Be/Bo) chán-té né (échim/mměn) kúb (chǐn/děn)

b) Fill the blanks with suitable possessive and reflexive pronouns:
1. Be húu né..................................kúb (p)............................
2. Nye kwəlé né ....bwəl............................
3. M' lúmté né................................ngùu............................
4. Se nyiné né.................................mwăn............................
5. Be kwəlé né................................məl............................
6. Ngome sómé................................kálàg............................
7. Same sàlé né................................mbɔ́té............................
8. Ngeme téné né..............................mǐŋ............................
9. Sone lógné né...............................mwăn............................
10. Epie didé né ....ndiid............................

c) Put the following into possessive case.
1. Sone húu sekúb(p).
2. Ebude didé bo ndiid.
3. Nkumbe bii me dǐŋ.
4. Se nyiné mo ndáb.
5. Epie pádé me besabé.
6. Emade sómé me kálàg.
7. Hudibe sàlé mo mbɔ́té.
8. Be téné se mǐŋ.
9. Ebude yáŋté se nzág.
10. Mesumbe kwəlé se məl.

CHAPTER 8

VERBS

A verb is the telling part of a sentence. It tells what the subject does e.g., Sone diàg ndiid. Chié Sone bólèe? A diàg ndiid, "diàg" therefore tells us what sone is doing and so forms the verb in that sentence.

Auxiliary Verbs

An auxiliary verb is a verb that helps to express the tense of another verb, etc Auxiliary verbs or helping verbs therefore help to express or complete tenses of other verbs or main verbs,[1] e.g., **have** as in - "We **have** gone home or **may**, as in- I **may** leave tomorrow". In the above cases, **have** and **may** are helping verbs, helping main verbs **gone** and **leave** to complete the meaning of the sentences.

Study the examples that follow below.

Verb: (to) have - Hóŋ

Must, have to be, (56) Sentences. (Positive Obligation)

M'	(hó bé)	á nsón ngioŋsambé	......have to be at work at 7 o'clock
E		á ndáb ngioŋsambé	......have to be at home.....................
A	hó b'	á wón ngioŋsambé	......have to be at yours...................
Se		á dóktèe ngioŋ sambé	......have to be at hospital...............
Nye	hó nyin	mo mbwinbwè	......have to see him/her.................
		bo mwĕbàn	......have to see them.....................
Be		Ntube épuntə́	......have to see Ntube...................
Sone		échim nyàŋ bɔ̀d	......have to see my mother...........

1   H.W. Fowler & F.G. Fowler: *The Concise Oxford Dictionary of Current English.* p. 99

Must not, don't have to be, (56) sentences. (Negative Obligation)

Mé	hó' é b'	á nsɔ́n ngioŋ sambé	......don't have to be at work......................
Wé	or	á ndáb ngioŋ sambé	......don't have to be at home.....................
É	hó' á b'	á wóŋ ngioŋ sambé	......don't have to be at yours.....................
Sé		á dɔ́ktèe ngioŋ sambé	......don't have to be at the hospital...........
	hó'é nyin	mo mbwinbwé	......don't have to see him.......................
Nyé	or	bo mwĕbàn	......don't have to see them......................
Bé	hó'á nyin	Ntube épuntɔ́	......don't have to see Ntube.....................
Soné		échim nyàŋ bɔ̀d	......don't have to see my mother................

Practice Exercise

Oral or written work

  i. Using the sentence drill table provided above, make as many sentences as possible to practise reading acceptable Akɔ́sè forms.
  ii. Give other verbs that belong to the auxiliary group.

Verb (to) be able, can, could – Hǎl

Table 36 (be able, can, could) (48) Sentences (Positive Statements)

M'		mmén nsɔ́n é/á bol	.... can/able to do..................
E	hǝ́lè	Akɔ́sè láŋ	................can/able to read...............
A		kálàg é/á tèl	................can/able to write............
		mutu dèl	................can/able to drive............
Se	hǝ́lè	nsɔ́n é bol	................can/able to do
Nye		ndiid é dié	................can/able to eat
Be	hǝ́lè	nkumbé bwim	................can/able to shoot
		esukulé kè	................can/able to go
		Akɔ́sè hób	................can/able to speak

Be unable, can't, couldn't; 48 Sentences (Negative Statements)

Mé	hə́lá	mmén nsɔ́n é/á bol	................cannot/not able to do................
Wé	or	Akɔ́sè láŋ	................cannot /not able to read.............
É	hə́lée	kálàg é/á tél	................cannot /not able to write............
		mutu dèl	................cannot/not able to drive.............
Sé	hə́lá	nsɔ́n é bol	................cannot/not able to do................
Nyé	or	ndiid é dié	................cannot / not able to eat.............
Bé	hə́lée	nkumbé bwim	................cannot /notable to shoot.............
		nsɔ́n é kè	................cannot /not able to go ....
		Akɔ́sè hób	................cannot /notable to speak/ say........

Practice Exercise
Oral or written work

1. Using the sentence drill tables provided above, makes as many sentences as possible to practise reading acceptable Akɔ́sè forms.
2. Make a list of other verbs belonging to the auxiliary group. Other verbs of this group are:
    i. bé - to be
    ii. tə́ŋgá n- must, have to, be right/correct, etc.
    iii. kékán - try, attempt, etc
    iv. kə̌g- try, attempt, etc
    v. děŋ - to love, to like, etc
    vi. hə̌g - to want, to wish, to find to desire, etc

B: Verbs of Motion

Verbs of this group involve motion or movement. Note the following:

1. kě (kiòg) to go- to travel, to walk- involves setting off or movement from a starting point
    a. towards the point of destination.
2. Wúu (wuè) to return- involves movement or departure from the point of destination, arriving back at the starting point.
3. Sú (suè) to return, to go back- involves setting off or departure from point of destination
    a. towards starting point.
4. Pě (pàg) to arrive, to reach, to come- involves arrival at point of destination.
5. Yiə̌ (yàg) to come, etc – involves leaving starting point towards point of destination.

VERBS

6. Ekèe mboŋ/bwam-Safe journey/ Good-bye/farewell.
7. Epèe mboŋ/ bwam –Welcome/Safe arrival.

Study the correct usage of some of these verbs from the sentence drill tables which follow below.

Sentence drill: Verbs of motion

M'		è/á duɔ́n	..................going to the market
E	kiòg	è/á nkòŋtè	..................going to town
A		è/á mesàkè	..................going to dance
		è/á nkom'átè	..................going on holiday
		è/á sinémà	..................going to cinema
Se	Wúu	nkòŋtè	..................returned from town
Nye	(wuə̀)	nkom'átè	..................returned from holiday
Be		esukulè	..................returned from school
		dɔ́ktèe	..................returned from hospital
		mitim(mássè)	..................returned from church

Sentence drill

M'	Suə̀	ndàb	..................returning to the house
		diàb	..................returning home
E		Nninong	..................returning to Nninong
	(súu)	Ekɔ́sè	..................returning to Ekɔ́sè
A		á ndáb	..................have arrived in the house
Se	Pédé	á diàb	..................have arrived in the village
		á wǝ́gsé	..................have arrived in our home
Nye	péd'	á Nninong	..................havearrived in Nninong
		Ekɔ́sè	..................have arrived in Ekɔ́sè
Be		à Mwaku	..................have arrived in Mwaku

Question and answer drill

Chán ékè bédè?	E bédé	mbóŋ	bwám	mbéb	It was fine, good, bad
Chán ésú bédè?	E bédé	mbóŋ	bwám	mbéb	It was fine, good, bad
Chán é wúu?	M'wúu	mbóŋ	bwám	mbéb	Returned fine, good, bad

Chán è kíi?	M'kǐi	mbóŋ	bwám	né mékùu	né mutu
Chán è pédé?	M'pédé	mbóŋ	bwám	né mékùu	né mutu
Chán be pédé?	Be pédé	mbóŋ	bwám	né mékùu	né mutu
Chán nye wúu?	Se wúu	mbóŋ	bwám	né mékùu	né mesin

Practice Exercise

Oral or written work

1. Using the sentence drill tables provided above, make as many sentences as possible to practise reading acceptable Akɔ́sè forms.
2. Make sentences with the following verbs to demonstrate that you know their meaning and usage: kě, wúu, sú, pě, yiǎ.

C: Verbs of Speech

Verbs of this group involve speech making or talking and the following should be noted:

1. hób - (to) say, (to) talk, (to) discuss, (to) speak, etc.
2. láa - (to) tell, (to) inform, etc.
3. kǎl - (to) converse, (to) say, (to) talk (to) speak, etc.
4. héd - (to) narrate, (to) relate, etc.
5. tádé - (to) narrate, (to) relate, (to) discuss etc.
6. kǎn - (to) speak, (to) tell, etc
7. kǔb mitim - (to) preach, (to) say the gospel etc.
8. kwàné - (to) reply, (to) speak, (to) say, etc.
9. chlǒg/chəlè - (to) call (to) invite, etc.
10. chǒm nzòm - (to) talk, etc.

The correct usage and the meaning of some of these verbs is demonstrated as follows:

hób – (*speak/say*)
hób diàm - say something, etc.
hób akàn - say something, etc.
hób métóm - tell a lie
hób mbálè – tell the truth
ehób Akɔ́sè - speak Akɔ́sè language
hób pólè - say something, make a speech

Láa (*tell*)

láa mo diàm - tell him/ her something
láa me mbálè – tell me the truth
láa se métóm – tell us a lie
láa bo pɔ́lè – tell them something
láa kole nlébtéd - tell Kole verbal message
láa Ndode kùn - tell Ndode a secret
láa Toke Nkálàŋ - tell Toke news

kǎl *(Narrate/tell)*
kǎl ékéd	tell riddles
kǎl panápù	tell stories/ parables
kǎl diàm	tell something
kǎl akàn	tell something
kǎl pɔ́lè	tell something
kǎl mbálè	tell the truth
kǎl métóm	tell a lie
kǎl nkálàŋ	converse, discuss

Sentence drill (sentences/ questions)

M'	1. hóbè- saying/speaking	diàm (?) (e?)
E	2. hóbá/ hóbée	akàn
A	3. hóbé	métóm
		mbálè
Se		ehób Akɔ́sè
		Engǐsè/ Akáalé
Nye		Frènsém
Be		Pɔ́lè/Ehálé

Practice Exercise
Oral or written Work

Using the sentence drill tables provided above, make as many sentences (questions) as possible to practise reading acceptable Akɔ́sè forms.

Identify the tenses expressed by verbs numbered in the sentence drill table provided above.

D: Verbs associated with Greetings

A look at a few verbs commonly associated with daily greetings will therefore

conclude the study of verbs. Study the following examples:
1. làléd - (to) greet extend greetings.
2. Sáad - (to) greet, extend greetings particularly in the morning.
3. Hénéd- (to) greet, extend greetings particularly in the evening.
4. Lǎl - (to be) hard, strong, well etc.

The correct usage and meaning of these verbs is demonstrated below as follows:

Làléd *(greet)*

Làléd mód	módsiól	greet somebody, everybody
Làléd bàd	bàd bésiól	greet people all the people
Làléd ndàb	ndàb é siól	greet, people, the whole house
Làléd mbuóg	mbuóg é siól	greet people, the entire people

Send greetings

M'	Sáŋtè	nye
Se	(láltè) lántè	ndàb
Be	héntè	módsiól
		mbuóg é siól
Asáŋgé? / (Good morning)	E, né w' ápé/ (to you also)	E, né w' ápé? (to you also?)
Nye sáŋgé?/héné?	E, né ny' ápé	E, né ny' ápé?
Asáŋgé nye?		
Chán nye sáŋgé?	Se sáŋgé/ mbóŋ/bwàm	-Se sáŋgé/mwǎmpiŋ/mǒmpiŋ
Chán nye kúné?	Se kúné/ mbóŋ/bwàm	-Se kúné/ mwǎmpiŋ/mǒmpiŋ
Nye làlé?	E, se làlé mwǎtiid/ mǒtiid	-E, se làlé mwǎmpiŋ/mǒmpiŋ

Practice Exercise

Oral or written Work
a. Using the sentence drill tables provided above, make as many sentences as possible to practise reading acceptable Akɔ́sè forms.
b. Underline verbs in the following sentences

Děl nchó ásèe verb.

1. Se kiòg ésukulè epuntə
2. Se láa kálàg

3. Be yiókè ndábétè.
4. Be nyinè siə bɔ̀d.
5. Ngón é pèŋə̀ nkùu.
6. Be hóbè diàm.
7. A kál-lè mo pólè.
8. Nye kónè nkiongé.
9. Mbúu chuág mbwimbwètə́.
10. Be bólè nsón bɔ̀d.
11. Be húbè melemè
12. A póbè mbaŋgé.
13. Be chióké bwə̀l.
14. Ndelle chə́l -lè wè.
15. Sone sómé kálàg.
16. A pópè nsèllè.
17. Be chámè nyàm.
18. Se yiókè Akósè.
19. Se wuó(gè) Akósè.
20. Se túmè átòm.
21. Be búpè nyàm.
22. Se hóbè Akósè.
23. Sone hóbé métóm.
24. A pédé wun nkùu.
25. Se bómné bo sé piid.
26. A kǎl-lé bo pólè.
27. Be láŋgé mo diàm.
28. M' lúmté mo ndáb esukulè.
29. Kome hóbé mbálè.
30. Sone kǎl-lé bo nkáláŋ.
31. A lúmté bo échim ndáb.
32. Be sálé èchim kálàg
33. Be húpè nsón.
34. Se piókè nguŋ.
35. Be kɔ̀ (gè) mbaŋgé.
36. Se wúdè mépud.
37. A pódè âchàŋ.
38. Be bódé mónné.
39. Se púbé mbaŋgé.

40. Be pə̀ŋŋè mbólàg.
41. Be wúntè kém bwèl.
42. M' bwimé nkumbé.

C. Fill the blank spaces with suitable verbs.
Lonèd attèl ne verb é tèŋgané/ bóŋnée
1. Se ....ésukulè epuntɔ̀.
2. Se ....kálàg bɔ̀d.
3. Nye ....kálàg esukulé.
4. M' ....mo pólè
5. Be ....kálàg kénné nye pédé.
6. Se ....diàm kénné nye sɔ́lé
7. Ngole ....bo èchim ndáb.
8. Sone ....mo àdém dǐŋ.
9. Sone ....nyàm ákóŋ.
10. Belle ....bápiɔ̀.
11. Dielle ....Akɔ́sè Grammar.
12. M' ....bo ndàb ésukulè.
13. Be ....mépud epuntɔ̀.
14. Se .... Akɔ̀sè mbóŋmbóŋ/bwámbwàm.
15. Nzé módé..á wim ndábtè chii?
16. Nzé mwǎné Kolle ....ádém dǐŋ?
17. Nzé búŋŋé Sube ....Buea?
18. Ndelle ....Buea ʒú'nin.
19. Nzé bádé nye ....mbwimbwè nán?
20. Nzé módé..nye Akɔ́sè?
21. Nzé módé ....nye nzii esukulé?

d. Delete the word that is unsuitable
Sièl eyálé èché tèŋgánè/ bóŋnèe.
1. Se húbè melemè /besabè
2. Se pádè besabè/ menyii.
3. Nye póbè mbaŋgé /nguŋ
4. Se piókè nguŋ /atòm
5. Se kɔ́(gè) mbaŋgé/atom
6. Be chámè besabé /melemè
7. Se wálè mǔu/ahéb

8. Be kónè nkioŋgé /pólè
9. Be kálè pòlè/nkioŋgé
10. Se pópè átòm/mbaŋgé
11. A pódè mbòlàg/bapiá.
12. Se wuóglàn pólè/nzúm.
13. Be nónè méchuòg/abaŋgé
14. Se hálè nzùm/abaŋgé.
15. Be muág medib/ndiid.
16. A diàg ndiid/mĕm (mim)
17. Kome hénè tákùu/ndóŋ (nduŋ).

e. **Conjugate the following verbs:**
Chiógé, túbé, húbé, dúbé, kòbé, póbé, pŭb, săl, láŋ, lèléd, băb, túb, chŏm, etc.

CHAPTER 9

ADVERBS

An adverb modifies a verb or adds more meaning to a verb e.g., Kome kiòg mwăwèəg (mǒwèəg).

Chán Kome kiògké? A kiòg mwăwèəg (mǒwèəg). Mwăwèəg or mǒwèəg therefore tells us how Kome walks or goes and thus describes or adds more meaning to the verb, kiòg. Study the following examples in the sentence drill tables below:

Sentence drill

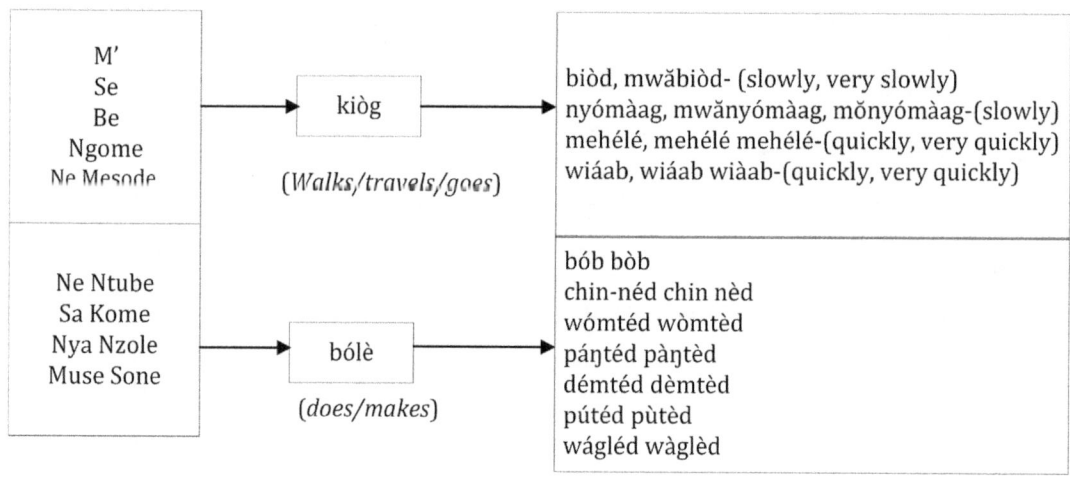

ADVERBS

Sentence drill

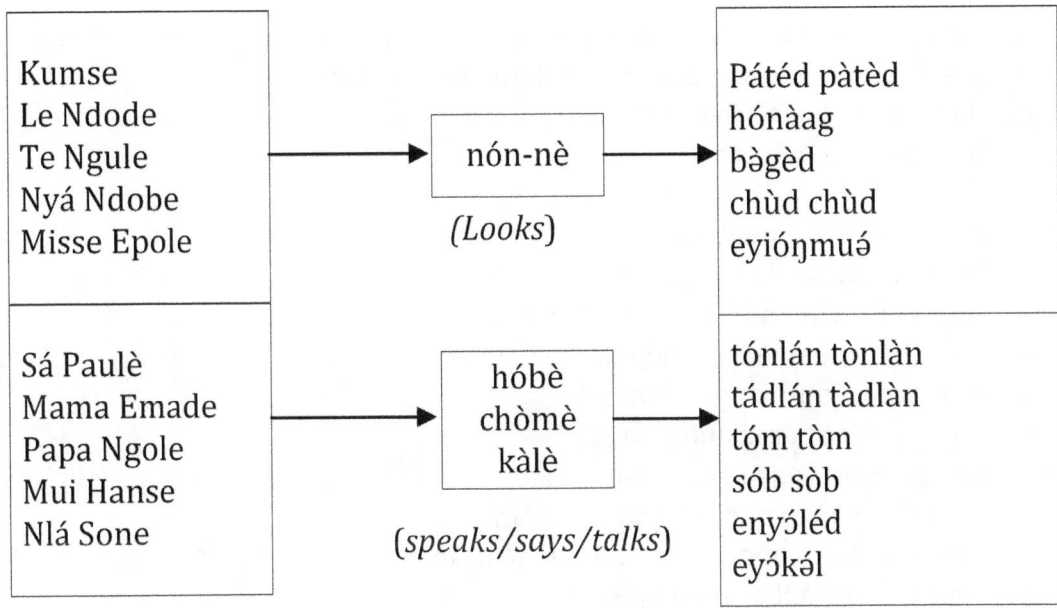

Sentence drill

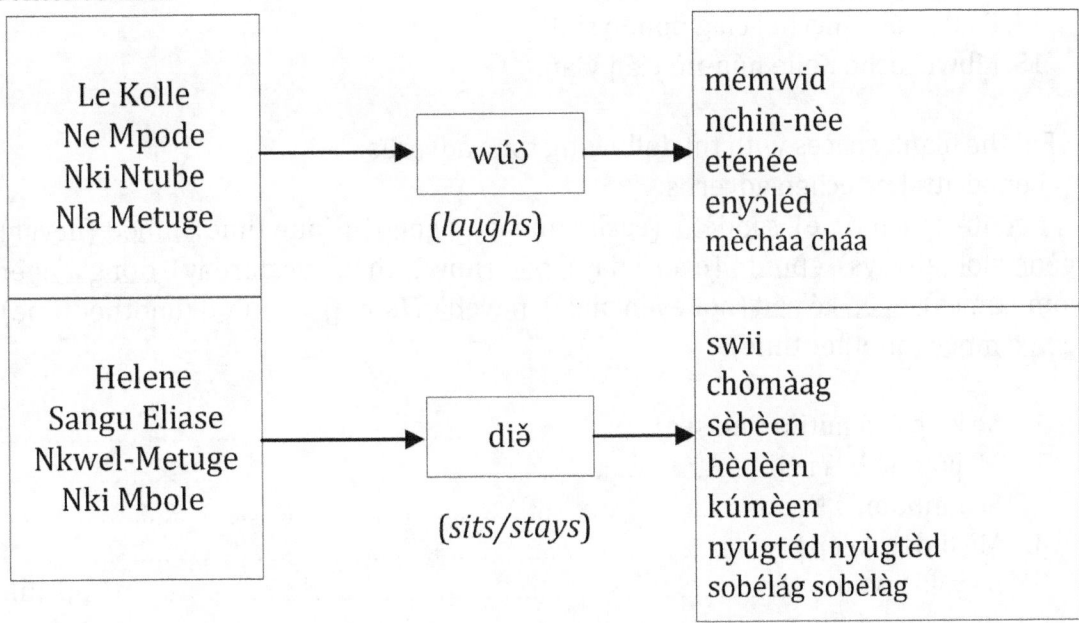

Practice Exercise
Oral or Written Work
   a. Using the sentence drill tables provided above, make as many sentences as possible to practise reading acceptable Akɔ́sè forms.
   b. Underline adverbs in the following sentences:
   Děl nchò ásèe adverb

   1. Kome diǎ swii á ndábtè.
   2. Be diǎ chomáag ènén ngukól.
   3. Sone wúɔ̀ mémwid ngèntá m' nyiné mo.
   4. Serah bólè kèn-néd é/á ndábtè.
   5. Palle bólè tómtòm ngén é siól.
   6. Same nón-nè pàtéd dóŋg' á ngèn.
   7. Be nón-nè honàag ngèn é siol.
   8. Be bólè mépònpòn nzé be nyiné nyàm.
   9. Nzume bólé mépònpòn kéen é/á kigé nyàm.
   10. Kolle chòmè tàdlán énén ngèn.
   11. Be wúɔ̀ mècháacháa ngèn é siol.
   12. Ngole nón-nè pátéd pàtèd dóŋg' á ngèn.
   13. Kumse kiòg sobélág sobèlàg ngèn é siol.
   14. Paule hóbè mèchégélág pondé siól.
   15. Mbwiá èché Kolle nón-nè yiáŋ yiàŋ.

   c. Fill the blank spaces with the following time adverbs:
   Lonéd attál nè èchén adverbs:

   <u>ngèntá</u>, (each time), <u>sɔ́ndètá</u>, (each Sunday), <u>ngènpɔ́d</u> (one time), <u>mbêd</u> (never), <u>ngèné siol</u> (always), <u>épuntá</u> (every day), <u>bɔ̀d</u> (now), <u>chǎn</u> (yesterday), <u>dong'á ngèn</u> (some times), <u>ngèn ké pɔ́d</u> (not even once), <u>mwěbàn</u> (soon), <u>ngèntòd</u> (another time), <u>ngèn é mpée</u> (another time).

   1. Se kiòg é/á mitim (mássè)..
   2. M' bómnè b' á nzii ....
   3. Se nmbómén Nzume ....
   4. Mě didée sàlépò ....
   5. Se yɔ̌k'á wúu .... nè mékùu.
   6. Be méntán' á wùu ....nè mutu.
   7. A nchàtán kálàg é/á ndáb ....

ADVERBS

8. Se diàg ndiid ....
9. Se nyinè bo ....
10. M' méntán' á wùu esukulè ....nè mékùu.
11. Be wùuə̀ nsɔ́n ....nè mutu.
12. Same np'áwin ....
13. M' wúuə̀ nsɔ́n ....n'éhentán
14. Be kiòg é/á duɔ́n ....né mutu
15. Bé sɔ́lè esukulè ....á ngioŋ sámbé
16. Bé hɔ́' é nkom' átè ....
17. Bé diágké ndiid é/ á ndáb ....
18. Sé hɔ́' é nkom'átè ....
19. Nye wúuə̀ nsɔ́n ....nè mékùu.
20. Be kúnè ....á ngioŋ sámbé.
21. Sone de mwăn é bwám ....
22. M'bólè mmém nsɔ́n ....
23. Nsɔ́n mé hoŋtá (hoŋtée) se pondé ....
24. Ngole kiòg ékè ....n'á sɔ́ndé.
25. Kome bólè appándé màm ....
26. Diabé kálá (kálée) mbálè ....
27. M' wúuə̀nsɔ́n ....né mutu.
28. Diabe nyiàlè medib ....
29. Se diàg ndiid ne nyàm ....
30. Se búg'ándáb ....n'éhentán.
31. Be màdé nsɔ́n ....bàŋ b'ádié ndiid.
32. So b'ányinén ámpé ....
33. S'á nyin Belle be Sone ....
34. Be bótàg nsɔ́n ....ngioŋ sambé.

CHAPTER 10

ADJECTIVES

An adjective qualifies or describes a noun e.g., M'nyinè ekúkú ndáb.
1. Kán é ndab é hée m'nyinèe?   ekúkú ndáb (dilapilated house)
2. Nzé ndàbé m'nyinèe?   ekúkú ndáb
3. Nzé mból ndábé m'nyinèe?   ekúkú ndáb
4. Mból ndáb nhée m'nyinèe?   ekúkú ndáb
5. Ndén (ndin) é ndáb é hée m'nyinèe? ekúkú ndáb

The word **ekúkú** tells us or describes the type of house I see or am seeing and therefore, forms the adjective in that sentence. Study the following examples on the sentence drill table below:

Sentence drill: Adjectives

Se	hóbé	ekagled	akàn
Nye	nyiné	ékagted	é diàm
Be	kálé	enyoled	é mòd
		ekúkú	
		ebébtéd	
Se	hóbé	akagled	(é) mékàn
Nye	nyiné	akagted	màm
Be	kálé	anyoled	bàd
		akkúkú	
		abbébtéd	

Practice Exercise
Oral or Written Work
1. Using the sentence drill table provided above, make as many sentences as possible to practise reading acceptable Akɔ́sè forms.
2. What is an adjective?
3. From the table provided above, pick out adjectives.

Adjectives - Singular And Plural Forms
In Akɔ́sè, adjectives like nouns have singular and plural forms. When a noun being described is singular, the adjective describing it takes the singular form also. When a noun being described is plural, the adjective describing it takes the plural form also.

Study the following examples:

Word Drill

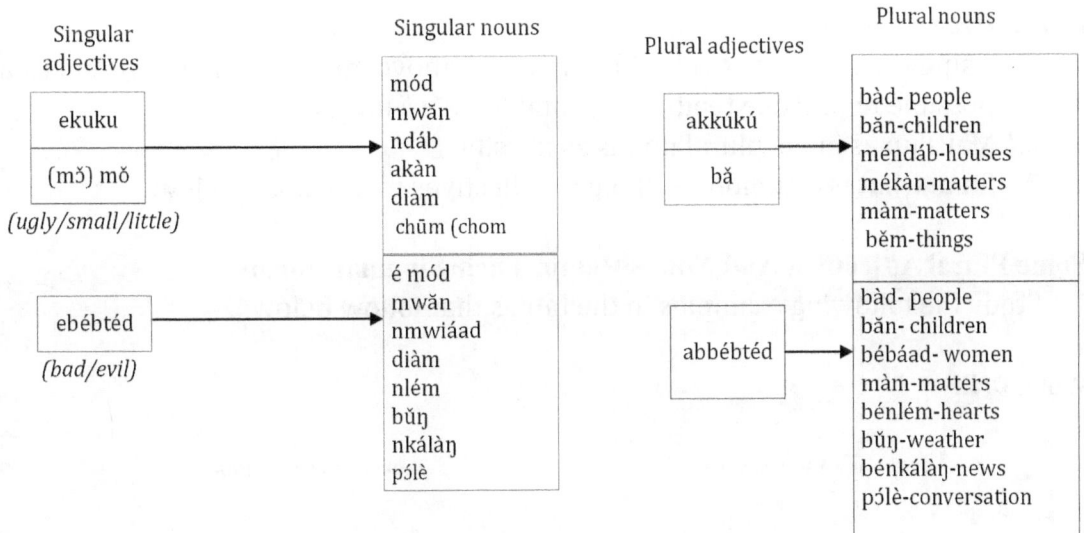

Word Drill

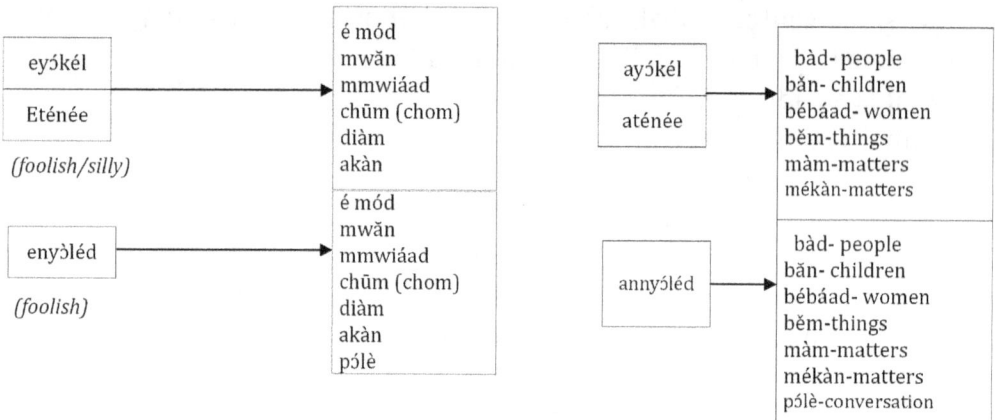

Practice Exercise
Oral or Written Work
1. Using the sentence drill table provided above, make as many sentences as possible to practice reading acceptable Akɔ́sè forms
2. Make up as many plural nouns as possible.
3. State what is common in all plural adjectives in the tables below.

Some Plural Adjectives And Nouns Retain Their Singular Forms
Study the following examples in the tables that follow below:

Word Drill

SINGULAR ADJECTIVE/NOUN	PLURAL ADJECTIVE/ NOUN

Some plural adjectives/nouns retain their singular form.

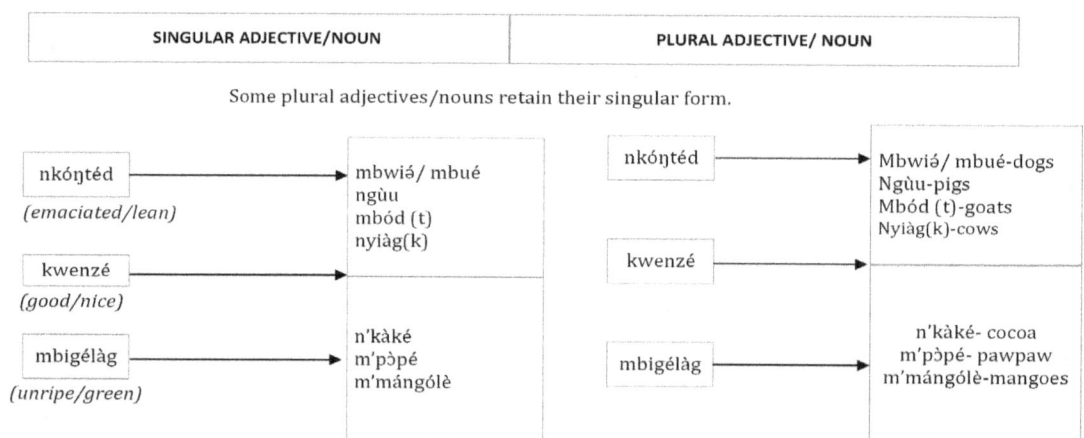

Practice Exercise
Oral or Written Work
1. From tables provided above, use adjectives to qualify as many nouns as possible.
2. Make up as many plural nouns as possible.
3. What is common in all plural adjectives and nouns in the tables above?
4. Make a list of nouns and adjectives without plural.

More Adjectives

Adjectives discussed below are mostly used to describe persons or things previously mentioned, understood or specifically designated. Study the examples provided below:

Word Drill

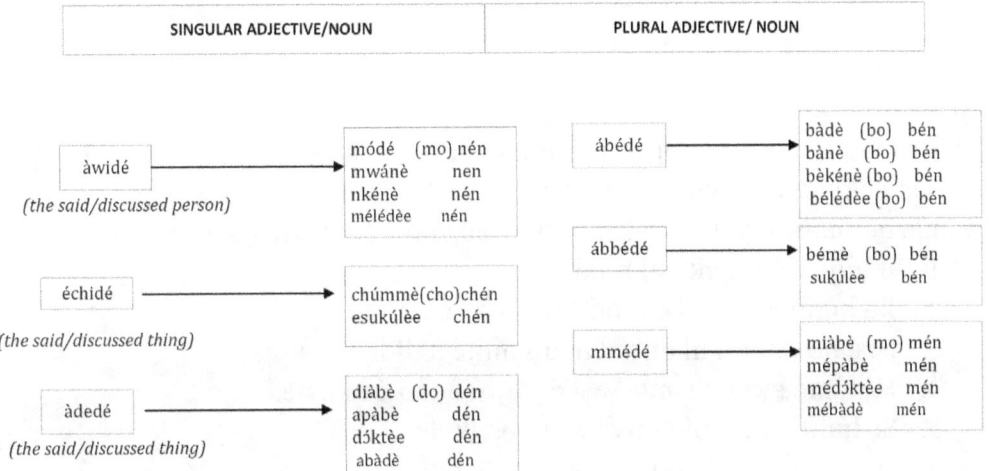

Practice Exercise
Oral or Written Work
1. Using the sentence drill table provided above, make as many sentences as possible to practice reading acceptable Akɔ́sè forms. The sentences in the sentence drill tables above could still be expressed in yet another form or way. Also study the examples that follow below:

Singular and Plural Adjectives

SINGULAR ADJECTIVE/NOUN	PLURAL ADJECTIVE/NOUN
Mód é/á wid/widé (mo) nén	Bád bé béd/bédé (bo) bén
Mwǎn é/á wid/widé (mo) nén	Bǎn be béd/bédé (bo) bén
Nkén é/á wid/widé (mo) nén	Békèn bé béd/bédé (bo) bén
Meléde (é/á) wid/widé (mo) nén	Bèmeléde bé béd/bédé (bo) bén
Chūmmé chid/chidé (cho) chén	Běm béd/bédé (bo) bén
Esukúlè chid/chidé (cho) chén	Asukúlè béd/bédé (bo) bén
Diàb é/á déd/dédé (do) dén	Miàb mé méd/ médé (mo) mén
Apàb é/á déd/dédé (do) dén	Mèpàb mé méd/ médé (mo) mén
Dóktèe (é/á) déd/dédé (do) dén	Mèdóktèe mé méd/ médé (mo) mén
Abàd é/á déd/dédé (do) dén	Mèbàd mé méd/ médé (mo) mén

Practice Exercise

Oral or Written Work

a) Using the sentence drill table provided above, make as many sentences as possible to practice reading acceptable Akɔ́sè forms.

b) Change nouns and adjectives into plurals in the following sentences:
   1. A lúŋé (lóŋé) ekúkú ndáb.
   2. Be bómné èputéd é mod ne mwǎn é nzii.
   3. Nzé hó mmún nkoŋtéd ngùu mmé n'didé mbangé?
   4. M'nyiné eyɔ́kèl é mod èché yáŋté ndáb é nkáalé.
   5. Se lúmté mǒmpiŋ mwán nzii esukulè
   6. Nzé módé chiáa mmún mbágè m'mwǎn?
   7. Nzé sɔ́l-lé nkèn é modé ndáb é kálàg?
   8. Nzé pát-té we mbigélàg n'sabé?
   9. Nzé módé chǎn-té we nchɔ́llè n'kǎg (kǝd)?
   10. Nzé módé bólé mmún mbágè n'diàm?

c) Underline suitable pronouns, adjectives and nouns being described in the following sentences:
   1. (M'/Me) pádé mbigélàgn'sàbé.
   2. (A/Mo) bómné nkáŋmbèŋ m' mwǎn é nzii.
   3. (Be/Bo) nyiné mbwɔ́l é mod é/á mesákètè
   4. (M'/Me) lóŋé ndémbélàg é ndáb.
   5. (Se/S'a) hóbén échén chǔmbùl é mod mbóŋmbóŋ.

ADJECTIVES

6. (Nye/Ny'á) lómé mmún mpiŋ mwán nhébè.
7. (Be/Bo) cháné àhúutéd mébám.
8. (Nye/Ny'á) múk-ké se mbindée medib.
9. (E/We) chám-mé se nchiitéd m'esúbág.
10. (Be/Bo) pádé ndémbélàg é pɔ̀pé.
11. (Be/Bo) nyiné mbúbélàg m'mod mmé n'didé ngáab.
12. Bĕmbul bàd pănté (bo/be) nzii.
13. Ebòŋlémmée mod é/á lóm-mé (se/s'á) nhébè
14. (A/Mo) mwĭd-dé (se/s') ehɔ́téd é ndiid.
15. (Bo/Be) dée né addúbé bàd.
16. (Be/Bo) lúŋé (lóŋé) kwánzèe (kunzè) ndáb.

CHAPTER 11

PREPOSITIONS

A preposition is a word that marks or indicates the relationship between the subject (a noun or pronoun) and the object in a sentence. Except in questions, prepositions usually come before the nouns or pronouns (Object) they control or govern, and together, they constitute a prepositional phrase which serves either as an adjectival or adverbial modifier[1]. E.g., *Sone diǎ á nkiòg m'múu*, meaning, **Sone sits beside the fire**.

Ankiòg m'múu, and **beside the fire** form prepositional phrases which modify the verbs diǎ and sits.

Also, Sone dée mod é dubé, means that **Sone is a man of honour**. *Mod é dube* and **man of honour** form prepositional phrases which qualify subject (Sone). In the above prepositional phrases are found the following prepositions:

Prepositional phrases	Prepositions
1. á nkiòg m'múu	á nkiòg
2. besides the fire	beside, at the side of
3. mod é dubé	é
4. man of honour	of

Study also the following examples:
1. Ngome dé **á** ndáb, means, Ngome is **in** the house.
2. Nye dé **átè**? (ndáb) means, Are you **inside**? (house, etc.)
3. Nye dé **á** ndábtè? means, Are you **inside** the house?
4. Awindé de **ákalagsè**
5. Awindé de **ásè** kalag.

---

1 Funk & Wagnals: Standard Dictionary

PREPOSITIONS

The bolded letters/words in the above sentences, therefore, serve as prepositions and exemplify how prepositions are used in Akɔ́sè.

Sentence Drill

Se	kǒŋgé (hidden)	ndiidé/á mbétè – <u>inside, in</u> the pot.
Nye	děbté (found)	nyàmé/á pantè - <u>inside, in</u> the pan.
Be	nyiné (seen)	Sùu é/á ebuɔ̀gtè - <u>inside, in</u> the bowl.
Se	diè (stay)	nón-nédné ndámitim - <u>opposite</u> the church.
Nye	lúɲé (live)	á nkiòg nzii mbá - <u>at side of</u>, <u>beside</u> main road.
Be	(lóŋé) (live)	á mbúg ésukulè - <u>behind</u> the school
		nchitàn né nziimbá – <u>near</u> the main road.
Se	(dé) d' (are)	á ndád <u>in</u> the house
Nye	béd' (were)	á ndádtè - <u>inside</u> the house
Be	(bédé) (were)	'á nòŋ mún - <u>up, on</u> the bed
		'ánòŋsè - <u>under, beneath</u> the bed.

Practice Exercise
Oral or Written Work

a. Using the sentence drill table provided above, make as many sentences as possible to practice reading acceptable Akɔ́sè forms.

b. Underline prepositions in the following sentences:

Děl nchó ásèe prepositions.

1. Ngolle d'á mwinnzii ndáb.
2. Sume d'ássé ndáb.
3. Belle bé dià̀ nchiitàn ne nzii mbá.
4. A húŋté tuɔ́g é/á tebèlèsè.
5. Emade bǎn-né epúg étebèlèmúŋ.
6. Nkwelle yǎl-lé mbólàg échióŋté
7. Serah tébté mbólàg é puɔ́lǒn.
8. Be bán-née nye ndiidd é/á tebèlèmúŋ.
9. Nzume bé d'á ndábmúŋ.
10. Se sóbé Nzume b'ánzágtè.
11. Se bómné bo'échú diáb.
12. Be nyáné mébàd é/á nkɔ́d (t).
13. Nkumbe bé dìə̀ nzii mbà nòn-néd né ndámitim.
14. Sube bé kálée (kál'á) mbúg é ndáb.
15. Epie yǔné (yóné) mbwinzè á nkióg ndáb.

16. Grace á tóm-tée we ndiid é/á tebèlèmúŋ.
17. Se lúmté mo ánnoŋ é/á túŋtè.
18. M' húŋté mékii mé ndáb é/á ntómtè.
19. Be kŭbé mo nkén é/á ndábsè.
20. A yăl-lé mo kálàg é/á túŋtè.
21. Se bómné Ngome bo'èchú diáb.
22. Be sómè ndiid é/á duɔ̀ntè.
23. Se sóbé Ngomebo á duɔ̀ntè.
24. Se lúŋé nchiitàn né ndáb esukulè.
25. Be diə̀ nchiitàn né ndáb é nkwúlè.
26. Kome be diə̀ nón-néd né esukulè.
27. Ebude bé yăl-lé lŏn 'étágtè.
28. Nzolesúmé ndiid é/á mbètè.
29. Se diə̌ bwəlsè.
30. Se chiógk'á ndábmúŋ.

CHAPTER 12

CONJUNCTIONS (LINKING WORDS)

Conjunctions are linking or joining words. They are used to join either words or sentences together.

Study the following examples:

Joining words and phrases

Nyáŋgué	ne	mwǎn	-and - mother and child.
Nyáŋgué	kè'é	mwǎn	- or – mother or child.
Nyáŋgué	be	mwǎn	- and (with) - mother and child.
Metuge	ne	Edibe	- and – Metuge and Edibe.
Ngɔ̀n	ne	nchūm	- and - female and male.
Mmwiáad	ne	mónchūm	- and - woman and man.
Metuge	be	Nkwel	- and – Metuge and Nkwelle.
Metuge	kè'é	Edibe	-or - Metuge or Edibe.
Me	ne	we (wo)	-and - I and you.
Me	kè'é	we (wo)	-or - I or you.
Nye	kè'é	se	-or - you or we.
Me	ne	àwin nsón	-and (with) - I and my friend.
Me	kè'é	àwin nsón	-or - I or my friend.
Mo	ne	àwé nsón	-and - he and his friend.
Sube né,	ngé	Nkwelle?	-or - Is that Sube or Nkwelle?
Nzé ne, Sube	ngé	Nkwelle?	- or - who is that, Sube or Nkwelle?
Hée dée? á ndáb	ngé	ébuɔ́g?	-or - where are you, in or out?.
Nwɔ̀l	ngé	akàn děn?	-or - joke or reality/fact.

Nwə̀l	kè'é	akàn dĕn?	-or- joke or reality/fact.
Mbálè	ngé	métóm?	-or- true or false?
Mbálè	kè'é	métóm?	-or- true or false?.
Ndétèl	ne	mepɔ̀kè	-and (with)- labour and riches.
Ndétèl	ngé	mepɔ̀kè?	-or- labour or riches
E	ne	kám	-or- yes or no.
E	ngé	kám?	-or- yes or no?
E nèe,	ngé	kám?	-or- Is that yes or no?
E	kè'é	kám?	-or- yes or no?
Mekŭmkŭm	ngé	méwɔ̀gwɔ̀g?	-or- war or peace?

Joining Short or simple sentences
1. Sone d'á ndáb. Edibe d'á ndáb.
   Sone <u>ne</u> Edibe bé d'á ndáb (and).
   Sone <u>be</u> Edibe bé d'á ndáb (and, with).
2. Kome wiɔ̀. Ntube wiɔ̀.
   Kome <u>be</u> Ntube bé wiɔ̀ (and with).
   Kome <u>ne</u> Ntube bé wiɔ̀ (and).
3. Diabe yág. Ngome yág.
   Diabe <u>ne</u> Ngome bé yág. (and).
   Diabe <u>be</u> Ngome bé yág. (and, with).
4. M'á nyin Nkumbe <u>ne</u> Sube. (and).
   M'á nyin Nkumbe <u>be</u> Sube. (and with).
5. A nk'á duón. A d'á ndáb bɔ̀d.
   A nk'á duɔ̀n <u>bán</u> d'á ndáb bɔ̀d. (but).

Practice Exercise
Oral or Written Work
a. Combine the following sentences:
   Lăd èchén sentences or mmén nchó méyàlè.
   1. M'déŋé Belle nyin. M'deŋé Nkwelle nyin.
   2. M'hɔ̀g' á k'ésukulè. M'hɔ́g' á k' á ndáb é kálàg.
   3. Same búg'á ndáb á nyin we. Same búg'á ndáb á nyin mo.
   4. Se búg'á ndáb á nyin nye. Se búg'á ndáb á nyin bo.
   5. Be tiɔ́mé á nyin se. Be tiɔ́mé á nyin bo.
   6. Be hɔ̀g' á kállén me. Be hɔ̀g' á kállén we.

CONJUNCTIONS (LINKING WORDS)

7. Be hə́gè m'á kállén. Be hə́gè ny'á kállén.
8. A nsú sé mbwimbwè. A pèd' ámpé bɔ̀d.
9. A nwúu sé bwiid. A kǐi ámpé bɔ̀d.
10. A didé ndiid sébwiid. A dée chiə̀nè nzàa.

b. Combine these sentences so as to make them questions.
   Lǎd èchén sentences á timèd cho questions.
   1. A nk'á duɔ̀n. A ndiə̌ ndáb.
   2. Be bótée ndiid é/á yūn. Ndób é dée kiŋ' á sè.
   3. A kiòg ésukulé épuntə́. A kiòg ésukué n'á Saturday.
   4. We nnyin né mwǐm. We nnyin né bád bélòd.
   5. Emǒn we nnyin. Módlòd mo á nláa we.
   6. Ǎ chàn kálàg tòd. A dée súm-mé nlém é nyol èchà hó bɔ̀d.
   7. Be nb'á mwinnzii ndáb. Be nb'á mbúg é ndáb.
   8. Se ntóméd ndiid é tebébèmúŋ. Se ntómédndiid é tebélèsè.
   9. Be lúŋé kéen sé piid. Be lúŋé nchiitan nè se.
   10. M' húŋté mèkii mé ndáb é lŏntè. M'sóbé mèkii mé ndáb é tuŋtè.
   11. We nnyin né mwǐn. We nnyin né bád bélòd.
   12. Be lúŋé ndáb é mbùu. Be lúŋé ndáb é 'bə̀ŋé
   13. Be lúŋé ndáb é mbùu chǐn né chǐn. Be lúŋé ndáb é'bə̀ŋé chǐn né chǐn.
   14. Be lúŋé ndáb é mbùu né ndáb é mbùu. Be lúŋé ndáb é'bə̀ŋé ne ndáb é'bə́ŋé.
   15. We nwuɔ̀g é we děn. We nwuɔ̀g é wé módnlòd.
   16. We nnyin né běn. We nnyin né bád bélòd.
   17. Be nkállén se běn. Be nkállén bád bélòd.
   18. Be d'á nkómátè. Be nbótéd nsɔ́n.
   19. Nye chánè kálàg. Nye sómè kálàg.
   20. Nye lúŋé ndáb ésukulè. Nye pâa ndáb é ésukulè.
   21. Be lúmtè se nzii ésukulè. Be lúmtè se nzii ndáb é nkwúlè.
   22. Be lúmté se nzii ékáa mbá. Be lúmté se nzii ékáa'muɔ̀g.

CHAPTER 13

INTERJECTION

Interjection is a word which expresses emotion, surprise or simple exclamation, e.g, áhà! wéə! Wo-wo! Wá-wá! Alá! Áláchɔ̀g (k)! etc. and forms one of the eight traditional parts of speech. Its use and importance in Akɔ́sè is best illustrated in the sentence drill tables which follow below:

Sentence drill
Negative usage

Wé!	M'	Wide ngə́ŋ – (died in vain).
Wo –wo!	E	nyɔ́dé ngə́ŋ – (laboured in vain).
Wá-wá!	A	sǒn-née ngə́ŋ – (ruined in vain).
A née yé!	Se	bólé ntu ngə́ŋ – (laboured in vain).
Wá-wá Asábgu!	Nye	bólé nsɔ́n ngə́ŋ - (laboured in vain).
		bólé ndɔtél ngə́ŋ – (labored in vain).
	Be	túmé mbéndé - (broken the law).
	Salémonè	Sómé mbuɔ́g - (betrayed the nation).

INTERJECTION

Sentence drill
Positive Usage

Alá!	Nèe, (niè), (mama)	yál-lé màm- (settled issues).
Alá chóg!	Tèe, (tetiè), (papa)	wúd'á nyol- (free from obligation).
Nyià!	Nyá Ntube	sèdté ntèd- (got rid of burden).
Wə́ə!	Kumsè Mele	sŭu nzòm- (exonerated from blame).
	Salèmonè	bòl-lé me diàm.
	Sáŋ Diobe	hóp-pé me diàm.
		húudé me nzuòg.

Practice Exercise
Oral or Written Work
1. Using the sentence drill tables provided above, make as many sentences as possible to practice reading acceptable Akósè forms.

CHAPTER 14

RELATIVE PRONOUNS - INTERROGATIVES

Interrogative pronoun is a pronoun used to ask a question. Relative pronouns in subjective case are as follows: who, which, what, and that. The use of relative pronouns as interrogatives in Akɔ́sè is exemplified in sentence drill tables below:

Sentence drill

(WHAT QUESTIONS-CHIÉ?		ANSWERS			
What is this?	Chié chén?	Kálàg, kálàg	cho	nén	dé
What is that?	Chié ché?			nè	
What is this here?	Chié chén nán?			nén nán	
What is that there?	Chié chini?			nini	
What is here?	Chié dé hán?	Ngandu, ngandu	cho	de hán	
	Nzè chūmmé dé hán?				
What is there?	Chié dé hini?				
	Nzè chūmmé dé hini?			de hini	

Using the sentence drill table provided above, make as many sentences as possible to practice reading acceptable Akɔ́sè forms.

Practice Exercise
Oral or written worke

WHO QUESTIONS-NZÉ? BENZÉ)?		ANSWERS			
Who is this?	Nzé nén?	Sone, Sone	mo	nén	dé
Who is this here?	Nzé nén nán?	Nsume, Nsume		nén nán	
Who is that?	Nzé né?			né	
Who is that there?	Nzé nini?			nini	

Who is here?	Nzé dé hán?	Me	We nzé?	me Nkumbe
Who is there?	Nzé dé hé?			
Who is over there?	Nzé dé hini?			
Who are these?	Bénzé bén?	Se	Nye bénzé?	Se, Belle ne Sone
Who are those?	Bénzé bé?			Se, Kome ne Nzole
Who are those there?	Bénzé bini?			

Using the sentence drill table provided above, make as many sentences as possible to practice reading acceptable Akósè forms. Translate the questions in English.

Question and answer drill

WHICH QUESTIONS-NZÉ CHüMMÉ?		ANSWERS			
Which thing is this?	Nzé chūmmé chén?	Ndáb (p)	cho/ché	nén	dé
Which thing is that?	Nzé chūmmé ché?	Ngùu		nè	
Which thing is that there?	Nzé chūmmé chini?			nini	
What thing is this?	Chūm é hée chén?	Ndáb (p)	Cho/che	nén	dé
What thing is that?	Chūm é hée chè?			nè	
What thing is this here?	Chūm é hée chèn nán?			nén nán	
What thing is that there?	Chūm é hée chini?			nini	

Using the sentence drill table provide above, make as many sentences as possible to practice reading acceptable Akósé forms.

Oral and written work

WHERE/WHICH/WHO QUESTIONS		ANSWERS			
Where/which is an animal?	Nyám ě?	Nyàm	---------	nén	nini
	Nyám cho ě?	Nyàm	cho/che	nén	nini
Where/which is a man/person?	Mót ě?	Mót	--------	nén	nini
	Mót mo ě?	Mót	mo	nén	nini
Where/ who is Metuge?	Metuge ě?	Metuge	---------	nén	nini
	Metuge mo ě?	Metuge	mo	nén	nini
Where/which is a house?	Ndáb (p) ě?	Ndáb(p)	--------	nén	nini
	Ndáb cho ě?	Ndáb	cho/che	nén	nini

Using the sentence drill table provide above, make as many sentences as possible to practice reading acceptable Akósé forms.

Other Interrogatives
Where - Hée? Questions
The use of where or hée? interrogatives in Akósè is exemplified in the sentence drill table below:

Question drill

Hée or Hé (*where*)	wúu? where are you from?
	búgé bòd?
	diǎ?
	Kolle dée?
	Nsume kiògké?
Hée or H' (*where*)	á wúu? where is he from?
	á diǎ?
	á dée?
	èché ndáb é dée?
	á kiògkè?
	á búgé bòd?

Using the sentence drill tables provided above, make as many sentences as possible to practice reading acceptable Akósè forms. Translate qestions in English, some have been done for you.

Which Day?-Nzé Búŋŋé?/ Nzé Epúné? Questions
The use of which day or nzé búŋŋé / nzé epúné? interrogatives in Akósè is exemplified in the sentence drill tables provided below.

Practice exercise – Oral or written work

Nzé búŋŋé	nye	pédé wun? wúu - when/which day did you arrive here?
	be	nyiné bo?
Nzé epúné	Sone	kǎl-lé bo?
		duón é/á dée? - when/which day is the market?
		ngándù bédé?

RELATIVE PRONOUNS - INTERROGATIVES

Se	péd'á	Sóndè - we arrived here on Sunday
Be	wúu á	Móndée-
Sone	nyiné b'á	Túsdée
Duón é/á d'á		Wánésdée
Ngándù béd'á		Tósdée
		Fraidée
		Sátèdè

Using the sentence drill table provided above, make as many sentences as possible to practice reading acceptable Akósè forms. Translate sentences in English, some have been done for you.

How Many Days? – Sú Étéŋ? Questions

The use of how many days or sú étéŋ? interrogatives in Akósè is exemplified in the sentence drill tables provided below.

Question and answer drill

Sú'téŋ	nye	pédé wun?
	be	wúu?
Sú étéŋ	Sone	nyiné bo?
	duón é/á dée?	
	duón é/á bédé - How many days ago was the market?	
	duón é/á wúu? - How many days ago was the market?	
Se	pédé wun	Sú' lan (chii) - We arrived here three days ago
Nye	wúu	Sú sámbé (chii)
Be	nyiné bo	
Duón	(é/á) dé	Sú' lan (chii) - The market is three days today
Ngándù	(é/á) bédé	Sú sámbé (chii)
	(é/á) tómé	

Using the sentence drill table provided above, make as many sentences as possible to practice reading acceptable Akósè forms. Translate questions and answers in English.

How /What- Chán? Questions

The use of how/what or chán? interrogatives in Akósè is exemplified in the sentence drill tables which follow below:

Question drill

Chán (how/ what)	dǐŋ é dée we (wo)? -Diŋé de me ban Sone. I am called Sone.		
	dǐŋ é dée me? -Diŋé de we ban Epie. You are called Epie.		
	bé chiǒ (chiógèe) mo? - Be chiógè mo ban Ebude. She is called Ebude.		
	we? - How are you?		
	nye? - How are you?		
	bǎn? - How are the children?		
	ndáb? - How is the home?		
Chán (how/ what)	diŋ é mbá	(é/á)	dée me? What is my major name?
	diŋ é diáb		dée we (wo)? What is your native name?
	diŋ é sàd		dée mo (mɔ) What is his/her minor name?
	diŋ ákáalé		dée Ngome? What is Ngome's Christian name?
	màm mé kiógké? How are things going		
	mékan mé kiògké? How are things going?		
	nye sáŋgé?/ kúné? How have you slept?		
	be sómèe nyàm? How is meat sold?		
	be sápèe mutu? What is the transport fare?		
	nye pédé? How did you arrive?		
	m'á ból-lé? What will I do?		

Using the sentence drill tables provided above, make as many sentences as possible to practice reading acceptable Akɔ́sè forms. Translate sentences in English, some have been done for you.

When?-Nzé Kéné?/ Nzé Ngéné? Questions

The use of when or Nzé Kéné?/ Nzé ngéné? interrogatives in Akɔ́sè is exemplified in the sentence drill tables which follow below:

Question drill

Nzé kéné Nzé ngéné (when)	mbòm m'dée? When is the meeting?
	nye pédé? When did you arrive?
	nye tómé hán? When did you pass here?
	be didé ndiid? When did they eat?
	nye nyiné Ntube? When did you see Ntube?
	nye bómné mo? When did you meet him?

Ngén é hée kén é hée (when)	mbòm m'dée? nye wúu? nye wúu? nye tómé hán? be didé ndiid? nye nyiné Ntube? nye sɔ́l'á ndáb?

Using the sentence drill table provided above, make as many sentences as possible to practice reading acceptable Akɔ́sè forms. Translate sentences in English, some have been done for you.

Why?- Chié Kiŏ?/ Chié Bólé?/Chié Dé Nzòm? Questions

The use of why or chié kiŏ?/ chié bólé? and chié dé nzòm? interrogatives in Akɔ́sè to determine cause or reason for an action is exemplified in the sentence drill tables which follow below:

Question drill

chié kiŏ (chié nkiŏŋ) chié bólé (chié nból) chié dé nzòm (chié nbé nzòm)	bàŋk' (bàŋké) bàŋ	á bé	tóm Akisàn? kwiɛ́' kisàn?

Using the sentence drill table provided above, make as many sentences as possible to practice reading acceptable Akɔ́sè forms. Translate sentences in English

Because- Nè Nán/ Nzòm Nán/ A Nyól É Nán, Answers

The use of because - nè nán/ nzòm nán/ á nyól é nán for answers to questions requiring cause or reason in Akɔ́sè is exemplified in the sentence drill table, which follows below:

Sentence Drill

		because	a	hó débiə́ - he is clever
A	(passed exam) tómé 'kisàn or	nè nán		bii diàm bwám bwàm - is very clever
Be				soŋtánnée melédè - understood the
	tóm' Akisàn	á nyól é nán	be	yiókée bwám bwàm - studied hard
Kome	kwid' Akisàn or	(á)nzòm nán	é	hó' é débiə́. - he/she isn't clever.
Ntube	kwidé'kisàn (failed exam)		bé	bii' é diàmdiàm. - knows nothing. soŋtánnè' é melédè. yiókè'é bwámbwàm. bágè' é klásè épuntə́.

Using the sentence drill tables provided above, make as many sentences as possible to practice reading acceptable Akɔ́sè forms. Translate sentences in English, some have been done for you.

Making Questions

Many Akɔ́sè questions begin with the question words and end with the question sign or mark(?)

Statements are made questions by adding to them a question sign(?), if the last letter is a vowel (e) and (ɛ?), if the last letter is a consonant.

Add a question, word, or sign to the following:
Bád éyalée nsiəgtéd kè'é'chilléd bènsiəgtéd.
1. ....dǐŋ é/á dée we?
2. ....módé nini?
3. ....chén?
4. Be ....bé didé ndiid?
5. Be ....bé?
6. ....bé diə́ né?
7. ....dé hè?
8. Be ....bé yá mitim?
9. Nyàm ....?
10. Nyàm cho ....?

RELATIVE PRONOUNS - INTERROGATIVES

11. ....dé?
12. Nye pédé wun ....?
13. Mutege nè...
14. Kome pédé...
15. Nye d'átè...
16. Nye kom átè ....
17. Be nyiné mo ....
18. ....módé bŏl-lé we metámbé?
19. Mód é ....bŏl-lé we metámbé?
20. .... bə́gè m'á nyin?
21. ....chúmmée nyiŋtè ndiid è/á nsól?
22. Ndiid é...d'èchim?
23. ....dĭŋ é dée áwoŋ melédè?
24. ....módé bii me dĭŋ?
25. ....kuntáné mé?
26. ....túbé nlòŋgé?
27. ....yióté w'Akɔ́sè?
28. ....bé yiók'á bɔ̀d?
29. Ngeme bwid'á nkɔ̀dsè ....
30. Ngene wúu esukulé ....
31. Epole búgé mesóŋgé ....
32. Epole kwidé mesóŋgé ....
33. Mesape cháné nlòŋgé ....
34. Mesape sómé nlòŋgé ....
35. ....chŭmmée dé?
36. ....búŋŋé?
37. ....módé bii me wun?
38. ....epúnné
39. ....kénné?
40. ....ngénnè?
41. ....ngònné?
42. ....póndée?
43. ....hómmé?
44. ....ndábé
45. ....chúmme né ....chúmmé nyé cháné?
46. Be ....bádé bé?
47. ....bémé nyé cháné?

48. Nye (ny'á) ....wál-lé'kii?
49. Be ké nyin..?
50. Nye (ny'á) ....didé ndiid?

Imperatives -Making Commands

Imperatives are commands or orders. An imperative sentence is therefore one that is a command or an order and such, must be obeyed and carried out. In Akɔ́sɛ̀, the use of imperatives is exemplified below as follows:

(i). Belle láa Ngome wĕ:

(ii). Belle tell Ngome to:

1. Kióg ébuɔ̀g, ...command) 1. go outside. (command)
2. Sɔ̀l é/á ndáb, ...(command)...............2. enter the house. (command)
3. Wúd métámb'á mékùu, (command).............3. take off your shoes. (command).
4. Luméd me kálàg, ...command)...........4. Show me a blook. (command)

Making imperatives

Ntube	yăg	yàg hán	yàg wún	Come, come here.
Nkwelle	kiŏg	kiòg wé (wo)	kiòg wini	Go, go there, go away.
Same	tiə́m	tiə́m hán	tiə́m hè	Stand, stand here/there.
Dielle	diə̆'sè	diə̆'sè hán	diə̆'sè hè	Sit down, sit down here/there.
Kome	súə́	súə́ ndáb	súə́ ndiàb	Go, go home.
Nyome	tŏl	tə̆l áhambé	tĕlé kálàgtè	Write, write on the board. Write in the book.

Using the table provided, make as many imperative sentences as possible.

CHAPTER 15

NUMBERS

Numbers – Nómbè
Mesòŋgé – Arithmetic
Atténŋ – How many?
Ngèn é téŋ – How many times

1. Atténŋ bén? 1, 2, 3, 4, 5, 6, 7, 8, 9, etc.
    Atténŋ bé? How many is that?
2. Atténŋ bini? How many is that there?

Ngén – Multiplication

a) Ngén étténŋ- use either Chén? Ché? Or Chini?
(*houses*) 2. ndáb étténŋ- pɔ̀d, ébè élán énin étán etc
(*books*) 3. kálàg étténŋ

Multiplication

Addé atténŋ?

ehɔ̀d	ngèn	élán	ádé(is)	=	
			ádé(is)	=	3(alán)
1	x	3	ádé	=	3(alán)
4	x	4		=	
5	x	10		=	
15	x	5		=	
20	x	20		=	
25	x	10		=	

30	x	5		=	
60	x	10		=	
80	x	4		=	
100	x	10		=	
100	x	20		=	
0	x	100		=	

Addition – Abád (t)

Addé		attéŋ?	ádé	=	
8	ne bádé	8	ádé	=	16 (diom ne ntiub)
8	+	8	adé	=	16 (diom ne ntiub)
10	+	50		=	
25	+	60		=	
50	+	70		=	
70	+	80		=	
80	+	120		=	
107	+	250		=	
0	+	100		=	

Subtraction - Awúd

Addé				ádé(állòg)	=	
10	ne wúdé	(wódé)	6	ádé(állòg)	=	4 (anin)
10		-	6	ádé(állòg)	=	4 (anin)
12		-	6		=	
50		-	30		=	
120		-	80		=	
70		-	30		=	
120		-	60		=	
180		-	90		=	
200		-	60		=	
500		-	75			
900		-	30			

NUMBERS

| 900 | | - | 0 (diàm-diàm) | | |

Division – Akàb

	Add					ádé	=	
1	8	akábè	bàd	bébè	2	ádé	=	4 anin (annin)
2	8				2	ádé	=	4 anin(annin)
1					or			
1	8	akáb	ngèn é		2		=	
2	8				2		=	
3	20				4		=	
4	80				20		=	
5	200				40		=	
6	200				50		=	
7	300				15		=	
8	400				20		=	
9	450				3		=	
10	600				30		=	
11.	550				5		=	
12.	700				100		=	
13.	640				20		=	
14.	0				1000		=	

Practice Exercise
Oral or Written Work

Learn multiplication tables 1-12 by heart. Provide answers to the sums set here. Bŏl mesòŋgé mèngèn mésiol. Hób ngèn élan times- table.

1. 10 + 5   ádé attéŋ ?
2. 8 x 8   ádé attéŋ?
3. 246 - 25   ádé attéŋ?
4. 30 -0   ádé attéŋ?
5. Kăb: a) 816 /4   b) 24,144/ 12

CHAPTER 16

COUNTING NUMBERS

Numbers – Nómbè
Counting numbers – Átóŋ nómbè
Mesòŋgé – Arithmetic

Count from one to a million.
(Tóŋ ehɔ́d á pè mèllion)
Begin! (bòtéd!)

1	ehɔ́d	sú pód
2	ábbè	sú 'bé
3	alán	sú 'lán
4	annin	sú 'nin
5	attán	sú tán
6	ntiūb (ntiob)	sú ntiūb
7	sambé	sú sambé
8	nwiám	sú nwiám
9	abug (abog)	sú 'bug ('bog)
10	diūm (diom)	sú diūm (diom)
11	diūm (diom) n' éhɔ́d	sú diūm né pód
12	diūm (diom) n' ébé	sú diūm né'bé, etc.
13	diūm (diom) né'lán	
14	diūm (diom) né'nin	
15	diūm (diom) né'tán	
16	diūm (diom) néntiūb	
17	diūm (diom) nésambé	

18	diūm (diom) néwiám	
19	diūm (diom) n'ábug	
20	mu mébè (miom mébè)	mǔ mé sú mébè (miom mé sú mébè
21	mu mébè n'ehód (miom mébè n'ehód)	
22	mu mébè n'ébè	
23	mu mébè n'élán	
24	mu mébè nénin	
25	mu mébè nétán	
26	mu mébè néntiūb	
27	mu mébè nésambé	
28	mu mébè néwiám	
29	mu mébè n'ábug	
30	mu mélán (miom mélán)	mǔ mé sú mélán
40	mu ménin	mǔ mé sú ménin
50	mu métán	mǔ mé sú métán
60	mu ntiūb	mǔ mé sú ntiūb
70	mu sambé	mǔ mé sú sambé
80	mu nwiám	mǔ mé sú nwiám
90	mu ábug	mǔ mé sú ábug
100	mbuókél	mbuókèl é sú pód
101	mbuókèl n'éhód	mbuókèl é sú pód né sú pód
102	mbuókèl n'ébé	mbuókèl é sú pód né sú 'bé, etc.
103	mbuókèl n'élán	
104	mbuókèl n'énin	
105	mbuókèl n'étán	
106	mbuókèl néntiūb	
107	mbuókèl nésambé	
108	mbuókèl nénwiám	
109	mbuókèl n'ábug	
110	mbuókèl ne diūm	mbuókèl é sú pód ne sú diūm
111	mbuókèl ne diūm n'éhód	
112	mbuókèl ne diūm n'ébé	
113	mbuókèl ne diūm né'lán	

114	mbuɔ́kèl ne diūm né'nin	
115	mbuɔ́kèl ne diūm né'tán	
116	mbuɔ́kèl ne diūm néntūb	
117	mbuɔ́kèl ne diūm nésambé	
118	mbuɔ́kèl ne diūm nénwiám	
119	mbuɔ́kèl ne diūm n'ábug	
120	mbuɔ́kèl ne mu mébé (miom mébé)	mbuɔ́kèl é sú pɔ́d ne mŭ me sú mébè
130	mbuɔ́kèl ne mu mélán	mbuɔ́kèl é sú pɔ́d ne mŭ me sú mélán
140	mbuɔ́kèl ne mu ménin	mbuɔ́kèl é sú pɔ́d ne mŭ me sú ménin
150	mbuɔ́kèl ne mu métán	mbuɔ́kèl é sú pɔ́d ne mŭ me sú métán
160	mbuɔ́kèl ne mu ntiūb	mbuɔ́kèl é sú pɔ́d ne mŭ me sú ntiūb
170	mbuɔ́kèl ne mu sámbé	mbuɔ́kèl é sú pɔ́d ne mŭ me sú sambé
180	mbuɔ́kèl ne mu nwiám	mbuɔ́kèl é sú pɔ́d ne mŭ me sú nwiám
190	mbuɔ́kèl ne mu ábug	mbuɔ́kèl é sú pɔ́d ne mŭ me sú ábug
200	mbuɔ́kèl ébe	mbuɔ́kèl é sú ébè, etc.
300	mbuɔ́kèl élán	
400	mbuɔ́kèl énin	
500	mbuɔ́kèl étán	
600	mbuɔ́kèl ntiúb	
700	mbuɔ́kèl sambé	
800	mbuɔ́kèl nwiám	
900	mbuɔ́kèl ábug	
1000	ekɔ́lé	
1001	ekɔ́lé n'éhɔ́d	
1002	ekɔ́lé n'ébè	
1003	ekɔ́lé n'é'lán	

1004	ekólé né'nin
1005	ekólé né'tán
1006	ekólé néntiūb
1007	ekólé né sambé
1008	ekólé nénwiám
1009	ekólé n'ábug
1010	ekólé né diūm
1011	ekólé né diūm n'éhɔ́d
1012	ekólé né diūm n'ébè
1013	ekólé né diūm n'élán
1014	ekólé né diūm né'nin
1015	ekólé né diūm né'tán
1016	ekólé né diūm néntiúb
1017	ekólé né diūm nésambé
1018	ekólé né diūm nénwiám
1019	ekólé né diūm n'ábug
1020	ekólé né mu mébè (miom mébè)
1030	ekólé né mu mélán
1040	ekólé né mu ménin
1050	ekólé né mu métán
1060	ekólé né mu ntiūb
1070	ekólé né mu sambé
1080	ekólé né mu nwiám
1090	ekólé né mu ábug
2000	akólé 'bè
3000	akólé 'lán
4000	akólé 'nin
5000	akólé 'tán
6000	akólé ntiūb
7000	akólé sambé
8000	akólé nwiám
9000	akólé ábug
10000	akólé diūm

20000	mu mekólé mébè	
30000	mu mekólé mélán	
40000	mu mekólé ménin	
50000	mu mekólé métán	
60000	mu mekólé ntiūb	
70000	mu mekólé sambé	
80000	mu mekólé nwiám	
90000	mu mekólé ábug	
100000	mbuɔ́kèl ékólé pɔ́d	
200000	mbuɔ́kèl ékólé 'bè	
300000	mbuɔ́kèl ékólé élán	
400000	mbuɔ́kèl ékólé énin	
500000	mbuɔ́kèl ékólé étán	
600000	mbuɔ́kèl ékólé ntiūb	
700000	mbuɔ́kèl ékólé sámbé	
800000	mbuɔ́kèl ékólé nwiám	
900000	mbuɔ́kèl ékólé ábug	
1000000	mèllion	(End), (Asóg), (Asúg)

Sentence Drill (27 Sentences)

Using the sentence drill table provided below, make as many sentences as possible to practice reading and counting in Akɔ́sè.

Tĕl ehɔ́d á pè mbuɔ́kèl

E	hǝ́l' á tóŋ	
Nye	hǝ́l' á tél/tèn	ehɔ́d á pè mbuɔ́kèl e?
Be	hǝ́l' á láŋ	
E	hǝ́lè (é) bii tóŋ	
Nye	hǝ́lé (nyé) bii tèl/tén	ehɔ́d á pèmbuɔ́kèl e?
Be	hǝ́lé (bé) bii láŋ	
Nzé	hǝ́l' á tóŋ	
Be nzé be	hǝ́l' á láŋ	ehɔ́d á pè mélion?
Nzé bádé be	hǝ́l'á bii tóŋ	

CHAPTER 17

TIME AND TELLING THE TIME

Time – póndé
Telling time – ahób é póndé

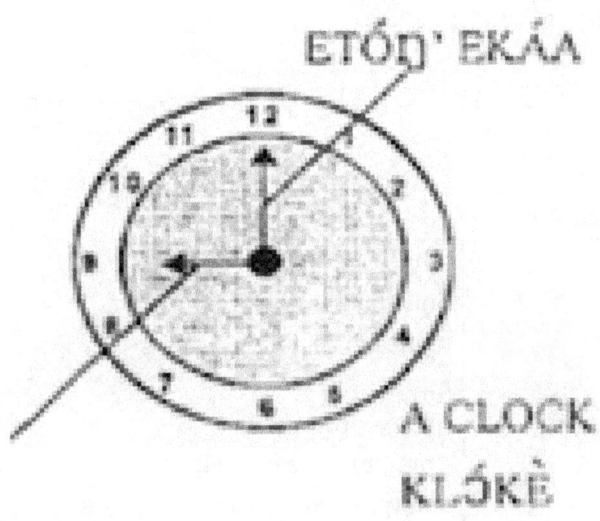

What is the time?
Chán póndé dée? Póndé dé chié?
Chán bŭŋ dée? Bŭŋ dé chié?

The sentences in the sentence drill table provided below exemplify the telling of time in Akósè.

Sentence drill- Telling the time

Póndè dé (É) dé It is	(mènutè) diūm ne métán <u>á pè</u> ngióŋ ébè - (it is 1.45pm)
	ngióŋ ébè - (it is 2.00pm)
	<u>epág é tómé</u> ngio'ébè (ngióŋ ébè) - (it is 2.30pm)
	(mènutè) diūm ne métán <u>á tóm</u> ngióŋ pód - (it is 1.15pm)
	(mènutè) mu mébè ne métán <u>á pè</u> ngióŋ pód - (it is 12.35pm)
	(mènutè) mu mébè ne métán <u>á tóm</u> ngióŋ pód - (it is 1.25pm)
Bǔŋdé (É) dé It is	(mènutè) diūm né métán <u>á pè</u> ngióŋ ébè - (it is 1.45pm)
	ngióŋ ébè - (it is 2.00pm)
	<u>epég é tómé</u> ngio'ébè (ngióŋ ébè) - (it is 2.30pm)
	(mènutè) diūm ne métán <u>á tóm</u> ngióŋ pód - (it is 1.15pm)
	(mènutè) mu mébè ne métán <u>á pè</u> ngióŋ pód - (it is 12.35pm)
	(mènutè) mu mébè ne métán <u>á tóm</u> ngióŋ pód - (it is 1.25pm)

Practice saying the following times:

11:09, 9:30, 10:15, 3:45, 6:10, 7:25, 11:35, 1:05, 2:30, 6:45, 4:55, 12:00, 3:00, 6:00, 7:00, and 10:00.

Other Expressions with Bǔŋ

1. Bǔŋ sáŋgé (sá ŋŋé)	day break
2. Bǔŋ mbá	holy day/public holiday
3. Bǔŋ héné (hiné)	night fall
4. Bǔŋ duɔ̀n (dion)	market day
5. Bǔŋ bó	fine weather
6. Bǔŋ dé ngióŋ pód	time- it is one o'clock
7. Bǔŋ bébé	bad weather
8. Bǔŋ nlòd, lòd	another day
9. Bǔŋ sèd' átè	weather- poor visibility due to presence of fog
10. Bǔŋ sèb'átè	weather- high humidity in the air
11. Bǔŋ lǒŋŋ' ámúŋ	weather- sky is over cast with rain clouds
12. Bǔŋ káll'ámúŋ	weather- bright day, sky is cloudless
13. Bǔŋ dǒŋŋ' á múŋ	weather- increased velocity of winds, clouds, signaling approach of a storm

TIME AND TELLING THE TIME

Time measure table

> Bii nán: - know that:
> Sékɔ̀n 60 é bólé/dé ménutè méhɔ̀d.
> Ménuté 60 mé bólé/dé háwá pɔ̀d.
> Háwá 24 é bólé/dé épún ehɔ̀d.
> Háwá 24 é bólé nkùu né mutè.
> Háwá 12 é bólé nkùu.
> Háwá 12 é bólé mutè.
> Háwà 24 é bólé/dé épúnehɔ̀d.
> Appun 7 é bólé/dé sɔ̀ndé pɔ́d.
> Sɔ̀ndé 4 é bólé/dé ngɔ̀n pɔ́d.
> Ngɔ́n 12 é bólé/dé mwiɔ́nhɔ́d.
> Appun 365¼ é bólé/dé mwiɔ́ nhɔ́d.
> Sɔ̀ndé 52 é bólé/dé mwiɔ́ nhɔ́d.

Time chart for bus transportation service

Bus	é pàg é park	5.00 am- bus arrives at park
	é lónnè	7.30 am- bus loads
	é tódè petrol	8.00 am- bus takes petrol
	é hédt'á park	8.30 am- bus leaves park
	é tiɔ́m' á nzii	11.00 am- bus stops on the way
	é pàg é' nini park	2.00 pm- bus arrives next park
	é hédtè' nini park	2.30 pm- bus leaves next park
	é pág é mbúg é park	6.00 pm- bus arrives back
	é sóg' á tóm	6.30 pm- bus closes

Practice Exercise
Oral or Written Work

1. Using the tables provided above, make as many sentences as possible to practice telling time in Akɔ́sè.
2. Complete the Time Measure Table provided above.
3. Using the bus transport time chart provided above, make as many sentences as possible to revise the knowledge of telling time in Akɔ́sè.

CHAPTER 18

DEMONSTRATIVE PRONOUNS/ADJECTIVES

Used to refer to things and persons near or far away, either pointed to or drawn attention to. Study the following examples:

Example of demonstrative pronouns

Use Of	Anén	Nén	Enén	Dén	Adén	For	This, This is
	Ané	Né	Ené	Dé	Adé		That, That is
	Anini	Nini	Enini	Dini	Adini		That, That is

The use of the above words as demonstrative pronouns/adjectives in Akósè is exemplified in sentences that follow below:

1. Mod nén. This man/this is a man.
2. Mod nè That man/that is a man.
3. Mod nini That man there/that is a man there.
4. <u>Anén</u> <u>mod.</u> <u>This</u> man. Anén or this is (demonstrative adjective).
5. Anén mod. That man.
6. Anini mod That man there.
7. Ndáb nén This house. This is a house.
8. Ndab nè That house. That is a house.
9. Ndáb nini That house. That is a house there.
10. Enén ndáb This house.
11. Enè ndáb That house.
12. Enini ndáb That house there.
13. Awindé dén. This pencil/this is a pencil.
14. Awindé dè. That pencil/that is a pencil.
15. Awindé dini. That pencil there/that is a pencil there etc.

Demonstrative pronouns (243 Sentences)

M'	bómné (met)	anén mod
Kome	bii (knows)	anè mod
Ngane	kǎl-lé (talked to)	anini mod
M'	nyiné (saw)	enén ndáb
Kome	chime (recognized)	enè ndáb
Ngame	déŋŋé (likes)	enini ndáb
Bě (biǒg) (bǎg) give	me	adén awindé
Tódé (take for)	se	adè awindé
Wál-léd (hold for)	mo	adini 'windé

Practice Exercise
Oral or Written Work
1. Using the sentence drill table provided above, make as many sentences as possible to practice reading acceptable Akɔ́sè forms.

These and those

Use	Mmén	Mén	Echén	Chén	Bén	Abén	For	These, These are
Of	Mmé	Mé	Eché	Ché	Bé	Abé		Those, Those are
	Mmini	Mini	Echini	Chini	Bini	Abini		Those, Those are

The use of the above words as demonstrative pronouns/adjectives in Akɔ́sè is exemplified in sentences that follow below.

1. Bàd   bén.   These are people. These people.
2. Bád   bè   Those people. Those are people.
3. Bád   bini   Those people there. Those are people there.
4. Abén   bàd.   Those men/people.
5. Abè   bàd.   Those men/people there.
6. Abini   bàd   Those men/people there.
7. Ndáb   chén   These houses/ these are houses.
8. Ndáb   chè   Those houses/ those are houses.
9. Ndáb   chini   Those houses there/ those are houses there.
10. Echén   ndáb   These houses.
11. Echè   ndáb   Those houses.
12. Echini   ndáb   Those houses there.

13. Mewindé	mén.	These pencils/ these are pencils.
14. Mewindé	mè.	Those pencils/those are pencils.
15. Mewindé	mini.	Those pencils there/those are pencils there.
16. Mmén	mewindé	These pencils.
17. Mmè	mewindé	Those pencils.
18. Mmini	mewindé.	Those pencils there.

Sentence drill (243 sentences)

M'	sáŋté (greeted)	abén bád
Mesape	bii (knows)	abè bád
Ngole	kǎl-lè (talked to)	abini bád
M'	nyiné (saw)	échén ndáb
Ebude	chimé (reconized)	échè ndáb
Nyake	déŋŋé (likes)	échini ndáb
Bě (biǒg) (bǎg)-give	me	mmén mewindé
Tódè-(take for)	mo	mmè mewindé
Wál-léd (hold for)	bo	mmini mewindé

Using the sentence drill table provided above, makes as many sentences as possible to practice reading acceptable Akɔ́sè forms.

More demonstrative pronouns

| Use Of | Anén(Nàn) Ané (Né) Anini | Enén (Nàn) Ené (N É) Enini | Adén (Nàn) Dbé (N Né) Adini | For | This one That one That one there |

The use of the above words as demonstrative pronouns/adjectives in Akɔ́sè is exemplified in sentences that follow below:

1. Cháné me ánén.   Buy for me this one.
2. Cháné me ánè.   Buy for me that one.
3. Cháné me ánini   Buy for me that one there.
4. Wál-léd mo énén.   Hold for him this one.
5. Wál-léd mo énè.   Hold for him that one.
6. Wál-léd mo énini.   Hold for him that one there.
7. Puǒgé b' ádén nán.   Choose for them this one.
8. Puǒgé b' ádénnè.   Choose for them that one.

DEMONSTRATIVE PRONOUNS/ADJECTIVES

9. Puǎgé b' ádini   Choose for them that one there.
10. Chán-néd me énén nán   Sell to me this one.
11. Chán-néd me énè nè   Sell to me that one.
12. Chán-néd me énini   Sell to me that one.
13. Tódé mo ádén nán   Take for him this one.
14. Tódé mo ádèn nè   Take for him that one.
15. Tódé mo ádini.   Take for him that one there etc.

Sentence Drill (12 Sentences)

Chéné (buy for)	me	anén nán - this one.
Chá-néd (sell to)	mo	áné nè - that one.
Lómé (send to)	bo	ánini -that one there.
Suónéd (take home for)		
Bě(biǒg) bǎg (give)	me	énén nán - this one.
Wál-léd (hold for)	mo	
Lómé (send to)		énè nè -that one.
Suónéd (take home for)	bo	énini - that one there.
Puǎgé (choose for)		
Tódé (take for)	mo	ádén nán -this one.
Suónéd (take home for)	me	ádèn nè -that one.
Wál-léd (hold for)	bo	ádini -that one there.

Using the sentence drill table provided above, make as many sentences as possible to practice reading acceptable Akósè forms.

Demonstrative pronouns

Use Of	Mmén (Nán)	Echén (Nán)	Abén (Nán)	For	These ones
	Mmé (Nné)	Eché (Nné)	Abé (Nné)		Those ones
	Mmini	Echini	Abini		Those ones there

The use of the above words as demonstrative pronouns/adjectives in Akósè is exemplified in sentences that follow below.

1. Pádé se ábén nán.   Pluck for us these ones.
2. Pádé se ábén nè.   Pluck for us those ones.
3. Pádé se ábini   Pluck for us those ones there.

4. Cháné bo échén nán — Buy for them these ones.
5. Cháné bo échén nè. — Buy for them those ones.
6. Cháné bo échini. — Buy for them those ones there.
7. Tódé mo ábén nán — Take for him these ones.
8. Tódé mo ábén nè — Take for him these ones.
9. Tódé mo ábini. — Take for him those ones there etc.

Practice Exercise (324 sentences)

Bĕ (biŏg) băg (give)		
Pádé (pluck for)	se	ábén nán - these ones.
Tódé (take for)	(us)	ábén nè - those ones.
Suɛ́néd (take home for)		ábini - those ones there.
Cháné (buy for)	bo	échèn nán - these ones.
Chán-néd (sell to)	(them)	échén nè - those ones.
Wál-léd (hold for)		
Tódé (take for)		échini - those ones there.
Puɛ́gé (choose for)	se	mmén nán - these ones.
Koŋnéd (keep for)	(us)	mmén nè - those ones.
wál-léd (hold for)		
chán-néd (sell to)		mmini - those ones there.

Using the sentence drill tables provided above, make as many sentences as possible to practice reading acceptable Akɔ́sè forms.

Table 87 Sentence drill (252 sentences)

Bád béhɔ́d (báhɔ́d) bé	puɛ́gè (choose)	mmén nán - these ones.
Bád béhód (bálód) bé	chánè (buy)	mmén nè - those ones.
Doŋ'á bád bé	déŋŋè (love, like)	mmini - those ones there.
Bàd bésiol (básiol) bé		
Ngén é siol (always) se	puɛ́gè (nè) (choose)	abén nán - these ones.
Doŋ'á ngèn (sometimes) se	chánè (né) (buy)	ábèn nè - those ones.
Ngén é siol (always) se	déŋŋè (né) (love, like)	Ábini - those ones there.

Translate all sentences in the sentence drill table in English.

CHAPTER 19

COMPARISONS

Comparisons involve comparing of things. To compare one thing with another is to indicate either their similarity or differences. There are three degrees of comparison, namely, positive, comparative and superlative degrees of adjectives or adverbs.

Comparison in Akɔ́sè is exemplified in sentences that follow below:
1. Sone d'éwóm. Sone is lazy. (positive)
2. Kome tómé éwom é bé. Kome is lazier. (comparative)
3. Sube tomtáné/ tomtáné éwom é bé. Sube is most lazy or laziest. (superlative)
4. Sone d'éwom. Sone is lazy. (positive)
5. Kome d'éwom tomée/tómá Sone. Kome is lazier than Sone. (comparative)
6. Sube tomtáné/tontáné éwom é bé. Sube is laziest or most lazy. (superlative)
7. Sone d'éwom. Sone is lazy. (positive)
8. Kome d'éwom tomée/tómá Sone. Kome is lazier than Sone. (comparative)
9. Sube d'éwom tomée/tómá mod siól. Sube is the laziest of all. (superlative)

Sentence drill (6 sentences)

kome	Chábbé (tall)		Nzume	chábbé (taller)		mo (mɔ)
	d'éwom (lazy)			d'éwom (lazier)		(him)
	dé nhon (rich)	bàŋ		dé nhon (richer)	tómée/	
	d'éloud	(*but*)		d'éloud	tómá	
	d'ésuŋ (short)			d'ésuŋ (shorter)	(than)	
	biidiàm (clever)			bii diàm (cleverer)		

87

Sentence drill (4 sentences)

Kome chàbbé	Kome tómé cháb	Kome tomtáné cháb
Hene d'ésuŋ	Hene tómé ésuŋ é bé	Hene tomtáné ésuŋ é bé
Kolle bii diàm	Kolle tómé diàm é bii	Kolle tomtáné diàm é bii
Nzole kòlé	Nzole tómé kòl	Nzole tomtáné kòl

Sentence drill (10 sentences)

POSITIVE	COMPARATIVE	SUPERLATIVE
Sone d'éwom	Kome tómé éwom é bé	Sube tomtáné éwom é bé
Sone d'ésii	Kome tómé ésii bé	Sube tomtáné ésii bé
Sone dé mbágè	Kome tómé mbágè é bé	Sube tomtáné mbágè bé
Sone d'éputéd	Kome tómé eputéd é bé	Sube tomtáné eputéd bé
Sone de mbéb	Kome tómé mbéb é bé	Sube tomtáné mbéb é bé
Sone d'éhob	Kome tómé éhob é bé	Sube tomtáné éhob é bé
Sone bii diàm	Kome tómé diàm é bii	Sube tomtáné diàm é bii
Sone bébé akàn	Kome tómé akàn é béb	Sube tomtáné akàn é béb
Sone bébé nlém	Kome tómé nlém é béb	Sube tomtáné nlém é béb
Sone d'ésuŋ	Kome tómé ésuŋ é bé	Sube tomtáné ésuŋ é bé

Practice Exercise

Oral or Written Work

Using the sentence drill tables above, make as many sentences as possible to practise reading acceptable Akɔ́sè forms.

Practice Exercise

1. Complete the sentence drill table provided below by supplying information as illustrated (comparative and superlative degrees).
2. Using the sentence drill table below, make as many sentences as possible to practice reading acceptable Akɔ́sè forms.
3. Using the table below as an example, make as many similar sentences as possible to indicate the use of positive, comparative, and superlative degrees of adjectives or adverbs.

COMPARISONS

POSITIVE	COMPARATIVE	SUPERLATIVE
Ne Ntube dé métóm	Ne Nzole dé métóm tómée Né Ntube	Né Toke dé métóm tómée mod siól
Ne Ntube d'átúg		
Ne Ntube bŏ nlém	....	....
Ne Ntube bii diàm	....	....
Ne Ntube dé nhon	....	....
Ne Ntube bébé nlém	....	....
Ne Ntube d'éhob	....	....
Ne Ntube chábbé	....	....
Ne Ntube d'éwom	....	....
Ne Ntube d'ésii	....	....
Ne Ntube dé mbágè	....	....
Ne Ntube dé mbéb		

CHAPTER 20

TENSES

The table that follows provides introductory or elementary drill on tenses as follows:

Sentence drill on tenses

VERB	EVERYDAY Epuntó	NOW Bòd	YESTERDAY Chăn Be Tomé	TOMORROW CHAŇ Chăn Be Wiə'
bŏl	M'bòl (do)	M'bòlè	Me nból (did)	M' á bòl (will do)
hób	M'hób (say)	M'hóbè	Me nhób (said)	M' á hób (will say)
sóm	M'sóm (sell)	M'sómè	Me nsóm (sold)	M'á sóm (will sell)
chám	M'chám (cook)	M'chámè	We nchám (cooked)	M'á chám (will cook)
hủu	Se húu (kill)	So húuə	Se nhúu (killed)	S'á húu (will kill)
nyin	Be nyin (see)	Be nyinè	Be nnyin (saw)	B'á nyin (will see)
chăn	Nye chăn (buy)	Nye chănè	Nye nchăn (bought)	Ny' á chăn (will buy)
pád	Se pád (pluck)	Se pádè	Se npád (plucked)	S' á pád (will pluck)
hŭb	Be hŭb (uproot)	Be hăbè	Be nhăb (uprooted)	B'á hăb (will uproot)
kăl	Se kàl (talk)	Se kălè	Se nkăl (talked)	S' á kàl (will talk)
tóm	A tóm (passes)	A tómè	A ntóm (passed)	Ă tóm (will pass)

Practice Exercise
Oral or Written Work

Using the sentence drill table provided above, make as many sentences as possible to practice reading acceptable Akósè forms.

Simple Present Tense

Simple present tense is used to express a habitual action[1] etc. such as is expressed in the sentences under the column headed Epuntə́ as follows:

Epuntə́ m'ból nsón	I work every day or every day I work.
Epuntə́ m'hób diàm.	I say something every day.
Epuntə́ m'sóm nyàm.	I sell meat every day.
Epuntə́ e chám ndiid.	You cook food every day.
Epuntə́ se hùu ngùu.	We kill a pig every day.
Epuntə́ be nyin mo.	They see him/her every day.
Epuntə́nye chán ndiid.	You buy food every day.
Epuntə́ se pád besábé.	We pluck oranges every day.
Epuntə́ be húb melemé	They harvest mushroom every day.
Epuntə́ se kál pólè	We converse every day.
Epuntə́ á kál pólè.	He/she converses every day.

Even if the order in the above sentences is reversed with Epuntə́ coming last in each of the sentences, the Simple Present Tense is still expressed so long as epuntə́ is used.

Simple Present Tense – Negative Form

If epuntə́ is omitted in the above sentences, they express but present continuous tense. The simple present tense occurs far less frequently in speech than the present continuous tense.

M'bólè nsón epuntə́.	1. Mé bólá/bólée nsón epuntə́.	I don't work every day.
M'hóbè diàm epuntə́.	2. Mé hóbá/hóbée diàm epuntə́.	I don't say something everyday
M'sómè nyàm epuntə́.	3. Mé sómá/sómée nyàm epuntə́.	
M'chámè diid epuntə́.	4. Wé chámá/chámée ndiid epuntə́.	
Se húuə̀ ngùu epuntə́.	5. Sé húuə'é/ húuə̀ə ngùu epuntə́.	
Be nyinè mo epuntə́.	6. Bé nyiná/ nyinée mo epuntə́.	
Nye chănè ndiid epuntə́	7. Nyé cháná/chánée ndiid epuntə́.	
Se pádè besábé epuntə́.	8. Sé pádá / pádée besabé epuntə́.	
Be hŭbè melemé epuntə́.	9. Bé húbá /húbée melemé epuntə́.	

---

1 W. Stannard Allen, *Living English Structure* p. 66, 70.

Se kálè pólè epuntə́.	10. Sé kálá/ kálée pólè epuntə́.
A kálè pólè epuntə́.	11. É Kálá/ kálée pólè epuntə́.

Present Continuous Tense

Present continuous tense occurs far more frequently in speech than the simple present tense. In English, it is marked by the -ing form of the verb and is used to express an action that is in progress.[2] In Akɔ́sè, the above sentences if epuntə́ is omitted and those in the table under the column headed now (**Bɔ̀d**) express present continuous tense as follows:

M'bólè nsɔ̀n bɔ̀d.	I am working or I am doing work now.
M'hóbè diàm bɔ̀d.	I am saying something now.
M'sómè nyàm bɔ̀d.	
M'chámè ndiid bɔ̀d.	
Se húuà ngùu bɔ̀d.	
Be nyinè mo bɔ̀d.	
Nye chánè ndiid bɔ̀d.	
Se pádè besábé bɔ̀d.	
Be húbè melemè bɔ̀d.	
Se kálè pólè bɔ̀d.	
A kálè pólè bɔ̀d.	

M'bólè nsɔ̀n bɔ̀d. Chié m'bólèe bɔ̀d?	What am I doing now?
E bólè nsɔ̀n bɔ̀d	You are working now.
Chié á bólèe bɔ̀d?	What is he/she doing now?
A bólè nsɔ̀n bɔ̀d.	He/she is working now.
Chié nyé bólèe bɔ̀d?	What are you doing now?
Se bólè nsɔ̀n bɔ̀d	We are working now.
Chié bé bólèe bɔ̀d?	What are they doing now?
Be bólè nsɔ̀n bɔ̀d	They are working now.

Present Continuous Tense – Negative Form

Mé bólá nsɔ̀n bɔ̀d	Chié mé bólá/ bólée bɔ̀d.	What am I not doing now?
Mé bólée nsɔ̀n bɔ̀d	Wé bólá/bólée nsɔ̀n bɔ̀d.	You are not working now.

---

2 W. Stannard Allen, *Living English Structure* p. 75, 70.

TENSES

Chié é bólá/bólée bɔd?   What is he/ she not doing now?
É bólá/bólée nsɔn bɔd.   He/she is not working now.
Chié nyé bólá/bólée bɔd?   What are you not doing now?
Sé bólá/bólée nsɔn bɔd.   We are not working now.
Chié bé bólá/bólée bɔd.   What are they not doing now?
Bé bólá/bólée nsɔn bɔd.   They are not working now.

1. Mé hóbá/hóbée diàm bɔd.   I am not saying something now.
2. Mé sómá/sómée nyàm bɔd.   I am not selling meat now.
3. É chámá/chámée ndiid bɔd.   He/she is not cooking now.
4. Sé húuə'é ngùu bɔd.   We are not killing a pig now.
5. Bé nyiná/nyinée mo bɔd.   They are not seeing him now.
6. Nyé cháná/chánée ndiid bɔd.   You are not buying food now.
7. Bé pádá / pádée besábé bɔd.   They are not plucking oranges now.
8. Bé húbá/húbée melemé bɔd.   They are not uprooting mushrooms now.
9. Bé kálá/kálée pólè bɔd.   They are not conversing now.

Present Perfect Tense

The present perfect tense expresses the completion or perfection of an action by now or present moment[3], such as is expressed in sentences which follow:

M'bólé nsɔn. I have worked. Chié m'bólé?   -What have I done?
M'mǎ nsɔn é/á ból. Chié m'mǎ ból?   -What have I finished doing?
E bólé nsɔn.   -You have worked.
E mǎ nsɔn é/á ból   - You have finished working.
Chié á bólé?   -What has He/She done?
Chié á mǎ ból?   -What has He/She finished doing?
A bólé nsɔn   -He/She has worked.
A mǎ nsɔn é/á ból.   - He/She has finished working.
Chié nye bólé?   -What have you done?
Chié nye mǎ ból?   -What have you finished doing?
Se bólé nsɔn.   -We have worked.
Se mǎ nsɔn é/á ból   -We have finished working.
Chié be bólé?   -What have they done?

---

3   W. Stannard Allen, *Living English Structure* p. 77

Chié be mă ból?   -What have they finished doing?
Be bólé nsɔ̀n.   -They have worked.
Be mă nsɔ̀n é/á ból.   -They have finished working.

1. M'hóbé diám. /   M'mă diám é/á hób.
2. .M' sómé nyàm./   M'mă nyàm é/á sóm.
3. E chámé ndiid /   E mă ndiid é/á chám.
4. Se húu ngùu. /   Se mă ngùu húu.
5. Be nyiné mo. /   Be mă mo nyin.
6. Nye chàné ndiid./   Nye mă ndiid é/á chàn.
7. Se pádé besabé. /   Se mă besabé pád.
8. Be húbé melemé./   Be mă melemé hùb.
9. Se kálé pɔ̀lè. /   Se mă pɔ̀lè kál.

Present Perfect Tense - Negative Form

Mé bòlé nsɔ̀n.   I have not worked.
Mé mă'énsɔ̀n é/á ból.   I have not finished working.

1. Mé hòbé diàm.   /Mé mă'é diàm é/á hób.
2. Mé sòmé nyàm.   /Mé mă'é nyàm sòm.
3. Wé chàmé ndiid.   /Wé mă' ndiid é/á chám.
4. Sé hùuè ngùu.   /Sé mă'é gùu hùu.
5. Bé nyiné mo.   /Sé mă'é mo nyin.
6. Nyé chàné ndiid.   /Nyé mă'é ndiid é/á chàn.
7. Sé pàdé besabé.   /Sé mă'é besabé pád.
8. Sé hùbé melemé.   /Sé mă'é melemé húb.
9. É kàlé pɔ̀lè.   /É mă'é pɔ̀lè kál.
10. É kàlé pɔ̀lè.   /É mă'é pɔ̀lè kál.

Mé bòlé nsɔ̀n.   Chié mé bòlé?   What have I not done?
Mé mă'é nsɔ̀n é/á ból   Chié mé mă' é é/á ból? What have I not finished doing?
    Wé bòlé nsɔ̀n.   You have not worked.
    Wé mă'é nsɔ̀n é/á ból.   You have not finished working.
    Chié é bòlé?
    Chié é mă é/á ból?
    É bòlé nsɔ̀n.

É mă'é nsɔ̀né/á ból.
Chié nye bòlé?
Chié nye mă'é é/á ból?
Sé bòlé nsɔ́n.
Sé mă'é nsɔ̀n é/á ból.

Simple Past Tense

The simple past tense is used to express an action completed in the past, such as is expressed in the sentences under the column headed yesterday (chăn, bwé/bé tómé) as follows:

Me nból nsɔ́n (Chăn)	I worked yesterday.
Me nhób diàm (Chăn)	I said something yesterday.
Me nsóm nyàm. (Chăn)	I sold meat yesterday.
We nchám ndiid (Chăn)	We cooked food yesterday.
Se nhúu ngùu (Chăn)	We killed a pig yesterday.
Be nnyin mo (Chăn)	They saw him/her yesterday.
Nye nchàn ndiid. (Chăn)	You bought food yesterday.
Se npád besabé. (Chăn)	We plucked oranges yesterday.
Se nhúb melemé. (chăn)	We uprooted mushrooms yesterday.

Me nból nsɔ́n chăn. Chié mé nbòl-lé chăn?	What did I do yesterday?
We nból nsɔ̀n chăn.	You worked yesterday.
Chié á nbòl-lé chăn?	What did he/she do yesterday?
A nból nsɔ̀n chăn.	He/she worked yesterday.
Chié nyé nbòl-lé chăn?	What did you do yesterday?
Sé nból nsɔ̀n chăn.	We worked yesterday.
Chié bé nbòl-lé chăn?	What did they do yesterday?
Be nból nsɔ̀n chăn.	They worked yesterday.

Simple Past Tense - Negative Form

Mé nké nbòl-lé nsɔ̀n. (chăn)	I did not work yesterday.
Mé nké nhòp-pé diàm. (chăn)	I did not say something yesterday.
Mé nké nsóm- mé nyàm. (chăn)	I did not sell meat yesterday.
Wé nké chàm-mé ndiid. (chăn)	You did not cook food yesterday.
Sé nké nhùu'é ngùu. (chăn)	We did not kill a pig yesterday.

Bé nké nnyin-né mo. (chăn)	They did not see him/her yesterday.
Nyé nké chàn-né ndiid. (chăn)	You did not buy food yesterday.
Bé nké nkàl-lé pɔ́lè. (chăn)	We did not harvest mushrooms yesterday.
What did I not do yesterday?	What did I not do yesterday?
Wé nké nbòl- lé nsɔ̀n chăn.	You did not work yesterday.
Chié á nké nbòl- lé chăn.	What did he/she not do yesterday?
Á nké nbòl- lé nsɔ́n chăn	He/she did not work yesterday.
Chié nyé nké nbòl- lé chăn?	What did you not do yesterday.
Sé nké nbòl- lé nsɔ́n chăn.	We did not work yesterday.
Chié bé nké nbòl- lé chăn.	What did they not do yesterday?
Bé nké nbòl- lé nsɔ́n chăn.	They did not work yesterday.

Past Continuous Tense

The past continuous tense is used to express an action that was in progress at a given time in the past[4], such as is expressed in the sentences which follow below:

M' bólá/ bólée nsɔ́n kénnè nye pédé.	I was working when you arrived.
M' hóbá/ hóbée diàm kénnè nye pédé.	I was saying something when you arrived.
M'sómá/sómée nyàm kénnè nye pédé.	I was selling meat when you arrived.
E chámá/ chámée ndiid kénnè se pédé	You were cooking food when we arrived.
Se hùuéə ngùu kénnè nye pédé.	We were killing a pig when you arrived.
Be nyiná / nyinée mo kénnè nye pédé.	They were seeing him when you arrived.
Nye cháná/chánée ndiid kénnè se pédé.	You were buying food when we arrived.
Be húbá/ húbée melemé kénnè nye pédé.	They were harvesting mushroom when you came /arrived.
Se kálá /kálée pɔ́lè kénnè nye pédé.	we were discussing when you arrived.
M'bólá /bólée nsɔ́n kénnè nye pédé.	What was I doing when you arrived?
Chié m'bólá /bólée kénnè nye pédé'?	
E bólá /bólée nsɔ́n kénnè se pédé.	You were working when we arrived.
Chié á bólá /bólée kénnè se pédé?	What was he/she doing when we arrived?
A bólá /bólée nsɔ́n kénnè se pédé.	He/she was working when we arrived.
Chié nyé bólá /bólée kénnè se pédé?	What were you doing when we arrived?

---

4 W. Stannard Allen, *Living English Structure*, p. 97

TENSES

Se bólá /bólée nsɔ́n kénnè nye pédé.	We were working when you arrived.
Chié bé bólá /bólée kénnè nye pédé?	What were they doing when you arrived?
Be bólá /bólée nsɔ́n kénnè nye pédé.	They were working when you arrived.

Past continuous tense – Negative form

Mé bólè' á/ bólè' é nsɔ́n kénnè nye pédé.	I was not working when you arrived.
Mé hóbè' á/ hóbè' é diàm kénnè nye pédé.	I was not saying anything when you arrived.
Mé sómè' á/ sómè' é ngùu kénnè nye pédé.	I was not selling a pig when you arrived.
Mé chámè' á/ chámè' é ndiid kénnè nye pédé.	I was not cooking food when you arrived.
Sé hùuǿ' á/ hùuǿ' é ngùu kénnè nye pédé.	We were not killing a pig when you arrived.
Bé nyinè' á/ nyinè' é mo kénnè nye pédé.	They were not seeing him/her when you arrived.
Wé chámè' á/ chámè' é ndiid kénnè nye pédé.	You weren't cooking food when you arrived.
Wé chánè' á/ chánè' é ndiid kénnè nye pédé.	You were not buying food when you arrived.
Bé húbè' á/ húbè' é melemé kénnè nye pédé.	They weren't harvesting mushroom when you arrived.
Bé kálè' á /kálè'é pɔ́lè kénnè nye pédé	They were not discussing when you arrived.
Mé bólè'á / bólè'é nsɔ́n kénnè nye pédé. Chié mé bólè' á / bólè'é kénnè nye pédé?	What wasn't I doing when you arrived?
Wé bólè' á / bólè'é nsɔ́n kénnè se pédé.	You weren't working when we arrived.
Chié é bólè' á / bólè'é kénnè se pédé?.	What wasn't he/she doing when we arrived?
É bólè' á / bólè'é nsɔ́n kénnè nye pédé.	He/she wasn't working when you arrived.
Chié nyé bólè' á / bólè'é kénnè se pédé?	What weren't you doing when we arrived?
Sé bólè' á / bólè'é nsɔ́n kénnè nye pédé.	We weren't working when you arrived.
Chié bé bólè' á / bólè'é kénnè nye pédé.	What weren't they doing when you arrived?
Bé bólè' á / bólè'é nsɔ́n kénnè nye pédé.	They weren't working when you arrived.

Past Perfect Tense

The past perfect tense expresses the completion or perfection of an action by a certain time in the past[5], such as is expressed in the sentences which follow:

Me nmád nsɔ́n é/á ból kénnè nye pédé.	I had worked. I had finished working when you arrived.
Me nmád diám é/á hòb kénnè nye pédé.	I had said something. I had finished saying something when you arrived.

We nmád ngùu sóm kénnè nye pédé.	You had sold the pig.when you arrived.
We nmád ndiid é/ á chám kénnè nye pédé.	You had cooked. You had finished cooking when you arrived.
Se nmád ngùu húu kénnè nye pédé.	We had killed the pig. We had finished killing the pig when you arrived.
Se nmád mo nyin kénnè nye pédé.	We had seen him/her. We had finished seeing him/her when you arrived.
Be nmád ndiid é/ á chán kénnè nye pédé.	They had bought food when you arrived.
Nye nmád melemé húb kénnè nye pédé.	You had harvested mushrooms when you arrived.
Be nmád pólè kál kénnè nye pédé.	They had finished discussing when you arrived.
Me nmád nsón é/á ból kénnè nye pédé.	What had I done? What had I completed/ finished doing when you arrived?
Chié mé nmádt' á ból kénnè nye pédé?	
We nmád nsón é/á ból kénnè nye pédé.	You had finished working when you arrived.
Chiá nmádt' á ból kénnè nye pédé?	What had he/she finished doing when you arrived?
A nmád nsón é/á ból kénnè nye pédé	He/she had finished working when you arrived.
Chié nye nmádt'á ból kénnè nye pédé?	What had you finished doing when you arrived?
Se nmád nsón é/á ból kénnè nye pédé.	We had finished working when you arrived.
Chié bà nmádt'á ból kénnè nye pédé?.	What had they finished doing when you arrived?
Be nmád nsón é/á ból kénnè nye pédé.	They had finished working when you arrived.

Past Perfect Tense – Negative Form

Mé nké nmádté nsón é/á ból kénnè nye pédé.	I had not finished working when you arrived.
Mé nké nmádté diàm é/á hób kénnè nye pédé.	I had not completed/ finished saying something when you arrived.
Mé nké nmádté nyàm é/á sóm kénnè nye pédé.	I had not finished selling meat when you arrived.
Wé nké nmádté ndiid é/á chám kénnè se pédé.	You had not finished cooking food when we arrived.
Bé nké nmádté ngùu húu kénnè nye pédé.	They had not finished killing the pig when you arrived.
Bé nké nmádté mo nyin kénnè nye pédé.	They had not finished seeing him/her when you arrived.

Nyé nké nmádté ndiid é/á chán kénnè se pédé.	You had not finished buying food when we arrived.
Sé nké nmádté besabé pád kénnè nye pédé.	We had not finished plucking oranges when you arrived.
Bé nké nmádté melemé húb kénnè nye pédé.	They had not finished harvesting mushrooms when you arrived.
Sé nké nmádté pólè kál kénnè nye pédé.	We had not finished discussing when you arrived.
Mé nké nmádté nsón é/á ból kénnè nye pédé.	
Chié mé nké nmádt á ból kénnè nye pédé?	
Wé nké nmádté nsón é/á ból kénnè se pédé.	You had not finished working when we arrived.
Chiá nké nmádt á ból kénnè se pédé?	What had he/she not finished doing when we arrived?
A nké nmádté nsón é/á ból kénnè se pédé.	He/she had not finished working when we arrived.
Chié nye nké nmádt' á ból kénnè se pédé?	
Sé nké nmádté nsón é/á ból kénnè nye pédé.	
Chié bé nké nmádt á ból kénnè nye pédé?	
Bé nké nmádté nsón é/á ból kénnè nye pédé.	

Future Tense

The simple future tense is used to express actions yet to happen, such as is expressed by sentences under the column headed tomorrow (chăn bwé/bé wiə) as follows:

1. M'á ból nsón chăn.   I will work tomorrow.
2. M'á hób diàm chăn.   I will say something tomorrow.
3. M'á sóm nyàm chăn.   I will sell meat tomorrow.
4. W'á chám ndiid chăn.   You will cook food tomorrow.
5. S'á húu ngùu chăn.   We will kill a pig tomorrow.
6. B'á nyin mo chăn.   They will see him/her tomorrow.
7. Ny'á chán ndiid chăn.   You will buy food tomorrow.
8. S'á pád besabé chăn.   We will pluck oranges tomorrow.
9. B'á húb melemé chăn.   They will harvest mushrooms tomorrow.
10. S'á kál pólè chăn   We will converse tomorrow.
11. Ă kál pólè chăn.   He/she will discuss tomorrow.

12. Kome ǎ kál pɔ́lè chǎn.   Kome will discuss tomorrow.
13. M'á ból nsɔ́n chǎn. Chié m'á ból-lé chǎn?   What will I do tomorrow?
14. W'á ból nsɔ́n chǎn.   You will work tomorrow.
15. Chiá ból-lé chǎn?   What will she/he do tomorrow?
16. Ǎ ból nsɔ́n chǎn.   He/she will work tomorrow.
17. Chié ny'á ból-lé chǎn?   What will you do tomorrow?
18. S'á ból nsɔ́n chǎn.   We will work tomorrow.
19. Chié b'á ból lé chǎn?   What will they do tomorrow?
20. B'á ból nsɔ́n chǎn.   They will work tomorrow.

Simple Future Tense, Negative Form

Mê ból-lé nsɔ́n chǎn.	I will not work or do wok tomorrow.
Mê hóp-pé diàm chǎn.	I will not say something tomorrow.
Mê sóm-mé nyàm chǎn.	I will not sell meat tomorrow.
Wê chám-mé ndiid chǎn.	You will not cook food tomorrow.
Sê húu'é ngùu chǎn.	We will not kill a pig tomorrow.
Bê nyin-né mo chǎn.	They will not see him/her tomorrow.
Nyê lèléd-té mo chǎn.	You will not greet him/her tomorrow.
Sê pát-té besabé chǎn.	We will not pluck oranges tomorrow.
Bê húp-pé melemé chǎn.	They will not harvest mushrooms tomorrow.
Sê kál-lé pɔ́lè chǎn.	We will not discuss tomorrow.
Ê kál-lé pɔ́lè chǎn.	He/she will not discuss tomorrow.
Mê ból-lé nsɔ́n chǎn. Chié mê ból-lé chǎn?	What will I not do tomorrow?
Wê ból-lé nsɔ́n chǎn.	You will not work tomorrow.
Chiê é ból-lé chǎn?	What will he/she not do tomorrow?
Ê ból-lé nsɔ́n chǎn.	He/she will not work tomorrow.
Chié nyê ból-lé chǎn?	What will you not do tomorrow?
Sê ból-lé nsɔ́n chǎn?	We will not work tomorrow.
Chié bê ból-lé chǎn?	What will they not do tomorrow?
Bê ból-lé nsɔ́n chǎn.	They will not work tomorrow.

Future Continuous Tense

The future continuous tense is used to express an action that will be in progress at a given future time[5], such as is expressed in the sentences below:

Table 100 – Future continuous tense

M'á bólè nsón kénnè ny'á p'á.	I will be working when/at the time you will come/arrive.
M'á hóbè diàm kénnè ny'á p'á.	I will be saying something when you will arrive.
M'á sómè nyàm kénnè ny'á p'á.	I will be selling meat when you will arrive.
W'á chámè ndiid kénnè ny'á p'á.	You will be cooking food when you will arrive.
S'á húuə ngùu kénnè ny'á p'á.	We will be killing a pig when you will arrive.
B'á nyinè mo kénnè ny'á p'á.	They will be seeing him/her when you will arrive.
Ny'á chánè ndiid kénnè s'á p'á.	You will be buying food when we will arrive.
S'á pádè besabé kénnè ny'á p'á.	We will be plucking oranges when you will arrive
B'á húbè melemé kénnè ny'á p'á.	They will be harvesting mushrooms when you will arrive.
S'á kálè pólè kénnè ny'á p'á.	We will be discussing when you will arrive.
Ą́ kálè pólè kénnè ny'á p'á.	He/she will be discussing when you will arrive.
M'á bólè nsón kénnè ny'á p'á.	What will I be doing when you will arrive?
Chié m' á bólée kénnè s'á p'á?	
W' á bólè nsón kénnè s'á p'á.	You will be working when we will arrive.
Chiá bólée kénnè s'á p'á?	What will he/she be doing when we will arrive?
Ăbólè nsón kénnè s'á p'á.	He/she will be working when we will arrive.
Chié ny'á bólée kénnè s'á p'á?	What will you be doing when we will arrive?
S'á bólè nsón kénnè ny'á p'á.	We will be working when you will arrive.
Chié b'á bólée kénnè ny' á p'á?	What will they be doing when you will arrive?.
B'á bólè nsón kénnè ny'á p'á	They will be working when you will arrived.

Future Continuous Tense- Negative Form

mê bólè'é/ bólée nsón kénnè ny'á p'á.	I will not be working when you will come/arrive.
mê hóbè é/ hóbée diàm kénnè ny'á p'á.	I will not be saying something when you will come/arrive.
mê sómè'é/ sómée ngùu kénnè ny'á p'á.	I will not be selling a pig when you will come/arrive.

---

5   W. Stannard Allen, *Living English Structure*, p. 97

wê chámè'é/ chámée ndiid kénnè s'á p'á	You will not be cooking food when we will come/arrive.
sê húuə'é/ húuəə ngùu kénnè ny'á p'á.	We will not be killing a pig when you will come/arrive.
Bê nyinè'é/ nyinée mo kénnè S'á p'á.	They will not be seeing him/her when we will come/arrive.
Nyê chánè'é/ chánée ndiid kénnè s'á P'á.	You will not be buying food when we will come/arrive.
Sê pádè'é/ pádée Besabé kénnè ny'á P'á.	We will not be plucking oranges when you will come/arrive.
Bê Húbè'é/ Húbée Melemé Kénnè Ny'á P'á.	They will not be harvesting mushrooms when you will come/arrive.
Sê kálè'é/ kálée pɔ́lè kénnè ny'á p'á.	We will not be discussing when you will come/arrive.
Ê kálè'é/ kálée pɔ́lè kénnè ny'á p'á.	He/she will not be discussing when you will come/arrive.
Mê bólè' é/ bólée nsɔ́n kénnè ny'á p'á. Chié mê bólè'é/ bólée kénnè Ny'á P'á?	What will i not be doing when you will arrive?
Wê bólè'é/ bólée nsɔ́n kénnè s'á P'á	You will not be working when we will arrive.
Chiê bólè'é/ bólée kénnè s'á P'á?	What will he/she not be doing when we will arrive?
Bólè'é/ bólée nsɔ́n kénnè S'á P'á.	He/she will not be working when we will arrive.
Chié nyê bólè'é/ bólée kénnè s'á P'á.	What will you not be doing when we will arrive?
Bólè'é/ bólée nsɔ́n kénnè ny'á P'á.	We will not be working when you will arrive.

Future Perfect Tense

The future Perfect Tense expresses the completion or perfection of an action by a certain future time[6], such as is expressed in the sentences which follow:

M'á mád nsɔ́n é/á ból kénnè ny'á p'á.	I will have finished working by the time you will arrive.
M'á mád diàm é/á hób Kénnè ny' á p'á.	I will have finshed speaking when you will arrive.
M'á mád ngùu sóm Kénnè ny' á p'á.	I will have sold the pig when you will arrive.
W'á mád ndiid é/á chám kénnè ny' á p'a.	You will have finshed cooking when you will arrive.
S'á mád ngùu húu Kénnè ny'a p'á.	We will have finished killing the pig when you will arrive.
B'á mád mo nyin Kénnè ny'a p'á.	They will have seen him when you will arrive.

Ny'á mád ndiid é/á chàn kénnè ny' á p'á.	You will have bought food when you will arrive
S' á mád besabé pád kénnè ny' á p'á.	We will have finished plucking oranges when you will arrive.
B' á mád melemé húb kénnè ny' á p'á.	They will have harvested mushrooms when you will arrive.
S'a mád pólè kal kénnè ny' á p'á.	We will have finished discussions when you will arrive.
Ă mád pólè kàl kénnè ny' á p' á.	He/she will have finished discussing when you will arrive.
M'á mád nsón é/á ból kénnè ny' áp'á. Chié m' á mádt' á ból kénnè ny' á p'á?	What will I have finished or completed doing at the time you will arrive?
W'á mád nsón é/á ból Kénnè s' á p'á.	You will have finished working when we will arrive.
Chiá mádt' á ból Kénnè s' á p'á.	What will he/she have finished doing when we will arrive?
Ă mád nsón é/á ból Kénnè s' á p'á.	He/she will have finished working when we will arrive.
Chié ny'á mádt' á ból Kénnè s' á p'á?	What will you have finshed doing when we will arrive?
S'á mád nsón é/á ból Kénnè ny' á p'á.	We will have finished working when you will arrive.
Chié b'á mádt' á ból Kénnè ny' á p'á?	What will they have finished doing when you will arrive?
B'á mád nsón é/á ból Kénnè ny' á p'á?	They will have finshed working when you will arrive.

Future Perfect Tense - Negative Form

Mê mádté nsón é/á ból Kénnè ny' á p'á.	I will not have finished working by the time you will arrive.
Mê mádté diàm é/á hób Kénnè ny' á p'á.	I will not have finished speaking when you will arrive.
Mê mádté ndiid é/à chám Kénnè ny' á p'á.	I will not have finished cooking when you will arrive.

Sê mádté ngùu hùu Kénnè ny' á p'á.	We will not have finished killing the pig when you will arrive.
Bê mádté mo nyin Kénnè ny' á p'á.	They will not have seen him/her when you will arrive.
Nyê mádté ndiid é/à chán kénnè ny' á p'á.	You will not have finished buying food when you will arrive.
Sê mádté besabé pád kénnè ny' á p'á.	We will not have finished plucking oranges when you will arrive.
Bê mádté melemé hùb kénnè ny' á p'á.	They will not have finished harvesting mushrooms when you will arrive.
Sê mádté pólè kàl kénnè ny' á p'á.	We will not have finished discussing by the time you arrive
Ê mádté pólè kàl kénnè ny' á p'á.	He/she will not have finished discussing by the time you arrive.
Mê mádté nsón é/á ból kénnè ny' á p'á. Chié mê mádt' á ból kénnè ny' á p'á?	What will I not have finished doing by the time you will arrive?
Wê mádté nsón é/á ból kénnès'á p'á.	You will not have finished working when we will arrive.
Chié ê mádt' á ból kénnè ny' á p'á?.	What will he/she not have finished doing when you will arrive?
Ê mádté nsón é/á ból kénnè ny' á p'á.	He/she will not have finished working when you will arrive
Chié nyê mádt' á ból kénnè ny' á p'á?.	What will you not have finished doing when you will arrive?
Sê mádté nsón é/á ból kénnè ny' á p'á.	We will not have finished working when you will arrive.
Chié bê mádt' á ból kénnè ny' á p'á?.	What will they not have finished doing when you will arrive?
Bê mádté nsón é/á ból kénnè ny' á p'á.	They will not have finished working when you will arrive.

Practice Exercise

Oral or Written Work

(a) Taking examples from the continuous tenses discussed above, make as many sentences as possible using future continuous tense to revise knowledge of tenses.

(b)
(i) Supply the most suitable tense in the following:
(ii) Change present continuous tense of the verb into past continuous tense in the following:

A (ténè) kálàg se bwiid.
Be (kiòg) esukulè chăn.
Be (húppè)   nsɔ́n se bwiid.
Se (kál-lè) mo akàn mwĕban.
Nye (làŋgè) bo akàn mwĕban
Be (sómè) kálàg se bwiid.
A (nónè) diàb chăn.
Se (húppè) nsɔ́n bwiid.
Be (nyinè) mo chăn.
Be (Kwɔ́lè) bwɔ́l se bwiid.
Se (pàg) wun mwĕban
Be (lúmtè) èchim ndáb chăn.
Se (bómnè) bo mwĕban
Nye (chánè) kálàg se bwiid.
Be (lúmtè) se èchəgbo ndáb se bwiid.
Se (kál-lè) nye nkálàŋ chăn.
Se (hóbè) Akɔ́sè mwĕban
Se (lúmtè) bo nzii esukulé se bwiid.
M' (nyinè) mo se chăn.
Nye (ténè) kálàg se bwiid

(C) Identify the tenses expressed in the following sentences.

M' bólè nsɔ́n épuntá
Mé bólá/bólée nsɔ́n.
A hóbée diam pondé se pédé.
Se nnyin mo chăn.
Mé nké nbòl-lé nsɔ́n chăn
Sé hóbè' á woŋ bwiid.
Me nmád é wúu nsɔ́n pondé m'nyiné we (wo).
Mé nké nmádté nsɔ́n chăn.
M'á ból nsɔ́n mwĕban.

Mê ból-lé nsɔ́n.
M'á hóbè diàm Kénnè ny'á sɔ́l-lé.
Bé hóbè' é diàm pondé m' nyiné bo.
M'á mád é wúu nsɔ́n pondé w'á p'á.
Mê mádté nsɔ́n é ból bàŋ be pè.

(d) Which tense is expressed by answers to the following questions?
Chié m'bólé?
Chié bé hóbée?
Chié se nyiné?

(e) Supply the past continuous form of verb in the following:
Se (hób) diàm kénnè nyé sɔ́l' á ndáb.
Be (ból) nsɔ́n pondé se nyiné bo.
M' (tèl) kálàg kénnè be pédé.

(f) Supply the past tense of verbs in the following sentences:
1. Me (dié) ndiid é/á ngioŋébè.
2. Be (kɔ́n) nkioŋée ndáb esukulè.
3. We (hób) diàm kénnè m' pédé.

(g) Turn the following into questions expressing the future continuous tense:
1. We (ból) enén tuɔ́g e?
2. Se (hób) diàm e?
3. Nye (nyin) bo?
4. Be (tèl) kálàg e?

CHAPTER 21

VOCABULARY

In Akósè, the meaning of the following words is dependent on their usage.

Chŭm, Chŭmchŭm, akàn, - akànakàn, diàm- diàmdiàm, hóm- hómhóm, mòd- mòdmòd

Study the following examples:

Vocabulary practice

POSITIVE				NEGATIVE		
Chŭm		Something		Chŭmchŭm		Nothing, anything
Akàn		Something		Akànkàn		Nothing, anything
Diàm	FOR	Something		Diàmdiàm	FOR	Nothing, anything
Hóm		Somewhere/ Someplace		Hómhóm		No place, nowhere, anywhere
Mód		Somebody Someone		Módmód		Nobody, anybody, anyone, no one, no person

In Akósè, the words in one part of the table above are generally used in positive statements while those in the other part go with negative statements.

Study the following examples:

Vocabulary practice

Tén (tél) chūm hán.	Write something here.
Wé téné (télé) chŭm chŭm hán.	Do not write anything here.
Hób diám.	Say something.
Wé hóbé diàmdiàm.	Don't say anything.
Hób akán.	Say something.
Wé hóbé akànakàn	Don't say anything.
M'lómé we hóm.	I am sending you somewhere/ someplace.
Mé lómée we hómhóm.	I am not sending you anywhere/ anyplace.
Láa mód.	Tell somebody.
Wé láŋgé módmód.	Do not tell anybody/ anyone.
Hób diám.	Say something.
Wé hóbé diàm.	Don't say something
Tén chūm hán.	Write something here.
Wé téné chūm hán.	Don't write something here.
Láa mód.	Tell somebody.
Wé láŋgé mód.	Don't tell somebody/ someone.
Wé kióg hóm.	Don't go somewhere/ someplace.
Wé kióg hómhóm.	Don't go anywhere/ any place.

Sentence drill (84 sentences)

	kántán (remember)	diám
Mód é	bólé (do)	diámdiám
	yúntan (think)	akán
Wé	hóbé (say)	akánkán
(don't/ shouldn't)	suɔ́né (take home)	chŭm
	bádé (add)	chŭmchŭm
		(84) sentences

VOCABULARY

Mód é	náŋgé (sleep)	hóm
	kiòg (go)	hómhóm
Wé	tiə́mé (halt)	
	sɔ́lé (enter)	(60) sentences
	tŏŋgé (loiter)	
Mód é	lɔ́lté (greet)	mód (nlód), ké nhód)
	láŋgé (tell)	(é ngɔ́ŋ)
Wé	lúmté (show)	
	nyiné (see)	módmód
	kál –lé (speak to)	
	hóbné (speak with)	(60) sentences

Practice Exercise
Oral or Written Work

a. Using the sentence drill table provided above make as may sentences as possible to practice reading acceptable Akɔ́sè forms.

b. Change the following sentences into negative form.

1. Kome kiòghóm.
2. Se kálè diàm.
3. E téné (télé) diàm é/á kálàgtè.
4. Be hóbé diàm é wim.
5. Ndobe kǐihóm chii.
6. E sɔ́lé hómé/á nzii.
7. Se hóbé diám bwiid nán.
8. Be láŋgé mo diàm.
9. Same kál-lé bo diàm.
10. Belle nyiné chűm é/á nzii.
11. Be didé chűm bwiid.
12. Se kǐi hóm mbwimbwè nán.
13. Be sómè chűm é/á duɔ́ntè.
14. Be ténédiàm hán.
15. Se kál –lé mód diàm.
16. Nye nyiné chűm mutè nán.
17. Be lúmté mód kálàg.
18. Be kál-lé mód pɔ́lè.

Time and Distance: The Use Of Bɔ̀d, Bwiid, Bwiɛ́, Piid Tiid Mpiŋ Abuɔ́g Dĕn, Ebàn

Bɔ̀d
The meaning of bɔ̀d is dependent on its various ways of usage as follows:

1. Bɔ̀d — means now or the present.
2. Bɔ̀d nán — now precisely (emphatic).
3. Bɔ̀d dĕn — now itself (emphatic).
4. Bɔ̀d té bɔ̀d — so soon.
5. Sé bɔ̀d — so soon than expected, very early than expected.
6. Kéen sé bɔ̀d — very or too soon than expected, very early than expected.
7. Keen né bɔ̀d — until now, up till now, up to now, till now.

Study the following examples:

Sentence drill (73 sentences)

Be	pédé	bɔ̀d
Sone	wúu	bɔ̀d nán
		bɔ̀d dĕn
Nye	suə́	bɔ̀d té bɔ̀d?
Be		sé bɔ̀d e?
Kéen nébɔ̀d	hɛ́	wúu' á nsɔ́n
	Ngomé	pédé' á ndáb
	Soné	tómée' hán
De	nyin-nè	kéenné bwiid.
Siə	bómè	

Bwiid
The meaning of the word bwiid is equally dependent on its various ways of usage as follows:

1. Bwiid - refers to sometime past or some time to come (later).
2. Bwiid nán - some time ago or some time (later).
3. Sé bwiid - some time already past, since.
4. Kéen sé bwiid - some time already past, since long ago.

VOCABULARY

5. Kéen né bwiid- till later, until then, till then.

Study the examples which follow below:

Sentence drill (80 sentences)

M' Se Nye	nyiné (saw) bómné (meet)	mo bo	bwiid bwiid nán sé bwiid kéen sé bwiid
Ndobe Eduke	pédé (arrived) wúu hédté Sú	bwiid bwiid nán sé bwiid kéen sé bwiid	

Bwiə̀

The use of the word bwiə́ is dependent on its various ways of usage as follows:

1. Bwiə̀- refers to time long ago or olden or ancient times.
2. Sé bwiə̀ - time very long ago.
3. Kéen sébwiə̀- time very, very long ago.

Study the following examples:

Sentence drill (54 sentences)

Nye Be Se	lóŋée/ lóŋtée hán chánée/chántée enén nziág	bwiə́ sébwiə́ kéen sébwiə́
Nye Be Se	wúutée hán	

Piid

The meaning of the word piid is dependent on its various ways of usage as follows:

1. piid - refers to a far away distance.
2. Sé piid - very far away distance.
3. Kéen sé piid - vey, very far away distance.

Study the examples which follow below:

Sentence drill (48 sentences)

Nye	lóŋŋé (live(s)).	Piid (hán)
Se	diə̀ (stay(s))	Sé piid (hán)
Be	búgé	Kéen sé piid (hán)
Ngome	suə̀	

Tiid & Mpiŋ

The meaning of these words is dependent on their various ways of usage as follows:
1. Tiid — refers to smallness in size or little.
2. Mwătiid — very small, very little.
3. Mŏtiid — very small, very little.
4. Mpiŋ — refers to smallness in size or little.
5. Mwămpiŋ — very small or little.
6. Mŏmpiŋ — very small or little.

Study the following examples:

Sentence drill (167 sentences)

M'	bóm-né	mpiŋ mwăn é nzii	
Se	táné	nwămpiŋ mwăn é nzii	
Be	tómé	mŏmpiŋ mwăn é nzii	
A	lóm-mé (send to)	me	mpiŋ nyàm
Be	siə́l-lé (cut for)	bo	mwămpiŋ nyàm
Ngome	chánté (sold to)	nye	mŏmpiŋ nyàm
	wál-lée (held for)	se	
M'	bómné	băbán tiid é nzii	
Se	táné	mŏmwăn tiid é nzii	
M'	lə́l-lé	mwătiid/ mwămpiŋ	
Se	sáŋgé	mŏtiid/mŏmpiŋ	
Be	kúné		

VOCABULARY

Abuɔ́g dĕn

The word ábug dĕn or ápondé dĕn refers to time and means at the said moment, immediately, at the appointed time, in time, etc. Study the following examples:

Sentence drill (12 sentences)

Se	nyiné mo	ábuɔ́g dĕn é/á sɔ́l'á ndáb.	
Be	lɔ́l-té mo		
Be	pédé	ábuɔ́g dĕn	é mitim mé sɔ́lèe
Se	hédté		é mutu mé lóné

Ebàn

The meaning of the word ébàn depends on its various ways of usage as follows:

1. Ebàn - refers to time very short, soon or later.
2. Mwĕban - time very short or very soon. Study the following examples.

Sentence drill (36 sentences)

De	nyiné-nè	ébàn
Siə	bómè	mwĕban
So		(kéen né) chăn
M'á	nyin we	ébàn
S'á	p'á wóŋ	mwĕbàn
B'á	kăl-lén mo	

Practice Exercise

Oral or written work

   a. Using the sentence drill table provided above, make as many sentences as possible to practice reading acceptable Akɔ́sè forms.

   b. Cross out words which aren't suitable in the following sentences:

1. Ngome d'á ndáb bɔ̀dnán/ mwĕban.
2. Se nyiné mo bwiid/kéen sé bwiɔ́.
3. Nye pé-en mo hán ábuɔ́g dĕn/kéen sé piid.
4. Be lóŋtée hán sé bwiɔ̀/kéen sé piid.
5. So b'á nyinén ébán/kéen sé bwiid

6. Be wúutée á nsɔ́n mwĕban/kéen sé bwiid.
7. Se lǝl-lé mbóŋmbóŋ/mŏmpiŋ
8. Be bómné bo mwĕban /kéen sé piid.
9. Be chàntée ndiid se bwiǝ̀/kéen sé bwiid.
10. A lóm-mé me mwămpiŋ nyàm/bămpiŋ nyàm.
11. Se chántée enén nzàg keen se bwiid/kéen sé bwiǝ̀.
12. Be bótée nsɔ́n é/á ból sé bwiid/kéen sé bwiǝ̀.
13. Se lǝl-lé mbóŋmbóŋ/ mwĕbàn.
14. Be sáŋgé mŏmpiŋ/kéen sé piid.
15. Nye pédé wun kéen sé chăn/kéen sé piid.
16. A pádé besabé kéen sé bwiid/ kéen sé bwiǝ̀.

CHAPTER 22

THE VERB 'BÉ' AND THE USE OF A DÉ & E DÉ

In Akósè the meaning of the words "a dé" and "e dé" is dependent on their usage but generally, they are used to denote existence of something or somebody.[1]

Use of "a dé" and "e dé" as Pronouns

(a) A dé = He/she is. A d'á ndáb bɔ̀d.   He/she is at home now.
(b) E dé = You are or it is.   E d'á nsɔ́n. You are at work.
(c) E dé = It is. E dé ngióŋ pɔ́d bɔ̀d.   It is one o'clock now.

In the above cases, they are personal pronouns in subjective case, "a dé" is 3rd person singular and mean he/ she is. "E dé" is 2nd person singular and means you are. It equally means it is. "E dé" and "a dé" are used to refer to persons while "e dé" is used to refer to things only and occurs far more frequently in speech than "a dé."

Study the following examples:
1. Nyàm **é d'**á mbétè.
2. Epug **é d'**á tebélèmúŋ.
3. Ndiid **é d'**á tebélèmúŋ.
4. Mod **é d'**á ndábtè.
5. Mwan **é d'**á mbúg é ndáb.
6. Ebumé **é d'**á túŋtè.
7. Kálàg **é d'**á tebélèsè.
8. Kub **é d'**á nzágtè

---

[1] W. Stannard Allen, *Living English Structure* p. 24.

1. Abàd é d'á annoŋmúŋ.
2. Mod é d'á nzágtè.

In the above cases, "a dé" and "e dé" have been used in sentences to refer to both things and persons.

Wrong Usage
Study the following examples below and rewrite them correctly.

1.	Tuɔ́gá d'á mbétè.	-Spoon is a thing, the right word is edé.
2.	Mbódá d'á nyáŋtè.	-Goat is a thing, the right word is edé.
3.	Kúbá d'á ndábtè.	-Fowl is a thing, the right word is edé.
4.	Epúgá d'á tebélèmúŋ.	-Bottle is a thing, the right word edé.
5.	Nyiàká d'á nyiáŋtè.	-Cow is a thing, the right word is edé.
6.	Ndábá d'á nkiog nzii.	-House is a thing, the right word is edé.
7.	Kálàg á d'á tebélèsè.	-Book is a thing, the right word is edé.
8.	Esukulè á d'á meyál me nzii.	-School is a thing, the right word is edé.
9.	Mwəsú á d'á pántè.	-Fork is a thing, the right word is edé.
10.	Mutu á d'á ndábsè.	-Motor is a thing, the right word is edé.

Interrogatives With A Dé & E Dé
In Akɔ́sè, *a dé* and *edé* are required to answer nzé chǔmmé or chié chén questions. Study the following examples:

(a) *Nzé chǔmméchén? or chié chén?* What/which thing is this? Or what is this?
Answers:
1. Ngùu, Ngùu é dé   A pig, it is a pig. Complete the rest.
2. Tuɔ́g, tuɔ́g(k) é dé   ....
3. Mód, mód(t) é dé   ....
4. Mbód(t), mbód(t) é dé   ....
5. Kub, kub(p) é dé   ....
6. Epúg, Epúg(k) é dé   ....
7. Nyiàg, Nyiàg(k)é dé   ....
8. Bwɛ̀l, Bwɛ̀l é dé   ....
9. Abád, abád(t) é dé   ....
10. Ndáb, ndáb(p) é dé   ....
11. Ngáb, ngáb(p) é dé   ....
12. Mbɔ́té, mbɔ́té é dé   ....
13. Ebumé, ebumé é dé   ....

14. Epàl, epàl é dé   ....

Interrogatives With A Dé & E Dé

In Akɔ́sè, *a dé* and *e dé* are required to answer nzé chǔmmé? Or chié chén?
Questions in yet another way. Study the following examples and complete the answers:

(a)   Nzé chūmmé chén? Or chié chén? What/which thing is this? Or what is this?

Answers:
1. Ngùu, ngùu cho/ ch<u>é dé</u>   A pig, it is a pig. Complete the rest.
2. Tuɔ́g, tuɔ́g(k) cho/ché <u>dé</u>   ....
3. Mbód(t), mbód(t) cho/ch<u>é dé</u>   ....
4. Kub, kub(p) cho/ch<u>é dé</u>   ....
5. Epúg, epúg(k) cho/ch<u>é dé</u>   ....
6. Nyiàg, nyiàg(k)cho/ ch<u>é dé</u>   ....
7. Bwèl, bwèl bwo/bo <u>dé</u>   ....
8. Abád, abád(t) do/dé <u>dé</u>   ....
9. Mutu, mutu mo/m<u>é dé</u>   ....
10. Ndáb, ndáb(p)cho/ch<u>é dé</u>   ....
11. Mbɔ́té, mbɔ́té cho/ch<u>é dé</u>   ....
12. Ebumé, ebumé cho/ch<u>é dé</u>   ....
13. Nkūbé, nkūbé, mo/mé/ n dé   ....
14. Epàl,epàl /cho/ch<u>é dé</u>   ....

Interrogatives With A Dé & E Dé

A dé and *e dé* are required to answer Nzé chǔmmé? Or chié dé questions. Study the following examples below and complete the answers:

Nzé chūmmé chén? Or chié dé nán?/nini? What/which thing is like this? or that?

1. Tuɔ́g(k) cho/ch<u>é dé</u> nán/nini   It is the spoon that is like this/ like that
2. Mbód(t) cho/ch<u>é dé</u> nán/nini   complete as shown above.
3. Kúb (p) cho/ch<u>é dé</u> nán/nini   ....
4. Epúg(k) cho/ch<u>é dé</u> nán/nini   ....
5. Nyiàg(k) cho/ch<u>é dé</u> nán/nini   ....
6. Kálàg cho/ch<u>é dé</u> nán/nini   ....
7. Ndáb(p) cho/ch<u>é dé</u> nán/nini   ....

8. Mbóté cho/ch<u>é dé</u> nán/nini ....
9. Ebumé cho/ch<u>é dé</u> nán/nini ....
10. Nzàg(k) cho/ch<u>é dé</u> nán/nini ....
11. Páa cho/ch<u>é dé</u> nán/nini ....
12. Tónè cho/ch<u>é dé</u> nán/nini ....
13. Kém cho/ch<u>é dé</u> nán/nini ....
14. Nzuóg cho/ch<u>é dé</u> nán/nini ....
15. Windè cho/ch<u>é dé</u> nán/nini ....
16. Ngùu cho/ch<u>é dé</u> nán/nini ....

Interrogatives With A Dé & E Dé

A dé or *e dé* is used to answer Nzé chūmmé dé? Or chié dé questions. Study the following examples below and complete the answers:

(a) Nzé chŭmmé dé hán /wun chii? Or chié dé hán?/wun chii? What/which thing(event) is here today?

Answers:
1. Ngándù cho/ch<u>é dé</u> hán /wun chii.   It is the ngandu feast that is here today.
2. Mesákè mo m<u>é dé</u> hán /wun chii   Complete as shown above.
3. Edusàn é băn cho/ch<u>é dé</u> hán /wun chii ....
4. Allóŋgé ndáb esukulé bo/<u>dé</u> hán/ wun chii ....
5. Epè èché sangu Prime Minister cho/ch<u>é dé</u>hán /wun chii ....
6. Mbòm mé nlátán mo/m <u>dé</u> hán /wun chii ....

Practice Exercise

Oral or Written Work

(a) Fill the blank spaces with *a dé* or *e dé*
   Lonéd attəl né a dé kè' é e dé.
   1. Ndáb ....mo á nkiog nzii.
   2. Tuóg ....á tebélèmúŋ.
   3. Ndiid ....bo á mbétè.
   4. Nzii ....méyál.

(b) Cross out the wrong words in these sentences
   Siəl áyálè ábé bé təgánè/bóŋnèe.
   1. Mbód <u>a de</u>/ <u>é d</u>'á nzágtè.
   2. Ngándù <u>a de</u>/ <u>é d</u>'á wim ndáb chii.

3. Ndiid é de/ á dé á tebélèmúŋ.
4. Tuɔ́g é d'/ á dé ntiógtè.
5. Ngón é d'/ á dé ámúŋ.
6. Nken é d'/ á dé á woŋ ndáb.
7. Nzii mékùu á dé/ch é dé.
8. E dé/A dé sú'lán é m'nyiné mo.
9. A dé/E dé menyáké nán so nyin-n'ámpé.
10. E dé/A dé menyiŋgé nán dé bom'ámpé.
11. E dé/A dé sú' lán chii é se pédé wun.
12. E dé/A dé sú sambé chii á dé se wúu.
13. E dé/A dé ngióŋ pɔ́d bɔ̀d.
14. E dé/A dé mbálè nán sóndè chii.
15. E dé/A dé épə́g é tómé ngióŋ pɔ́d bɔ̀d.
16. E dé/A dé sú sambé chii á de Sone sú.
17. E dé/A dé mbálè nán se tóm'ákisàn.
18. E dé/A dé ngól nán é kwúllè.
19. E dé/A dé mbálè nán Sone wúu.
20. E dé/A dé métóm nán Sone wúu.

CHAPTER 23

AKÓSÈ- ENGLISH (ENGĬSÈ) VERBS AND NOUNS

Letter B

VERB	MEANING	NOUN	MEANING
báb	to warm, to heat	Àbáb	Warming, heating
băb	to watch, to look at, to guard	Àbàb	Watching, keeping watch.
bád(t)	to add	Àbád(t) Mbátàn	Addition
bál	to loan, to take on credit	Ebálé/ Ebálág	Loan, credit.
bàmɔ́	to avoid, to dodge, to circumvent, to smuggle	Mbàmè Àbàmè	Smuggling, dodging, Avoidance
bàné/mwiĕ	to place, to put, to install	Àbànè	talling, installation
báŋ	to fear, to be afraid	Ábáŋgé	Terror, stampede, fright.
bé	to be, to exist, to occur	Ábê	Being, habits –àbé a módnyùŋ
béb	to be bad, to go bad, to be wicked, evil	Àbéb, Mbéb	Bad, sins Sins, evil, wickedness
bĕ (biŏg)(băg)	to give, to offer, to be present	Àbè	Giving
bé méhél	to be smart, to be polite	Mèhél	Smartness, politeness
bé ményiŋgè	to be happy, to be glad	Ményiŋgè	Gladness, happiness
bé ngɔ̀l	to be sad, to be sorry, to be merciful	Ŋgɔ̀l	Sadness, sorrow, mercy.
bé èlóud	to be handsome	Èlŏud	Handsomeness, beauty

biáb	to flower, to produce fruits	Mbiábág	Flowering, fruitage
bíi	to know, to have knowledge of	Àbièn Àbíi a diàm	Popularity knowledgeable.
bĭŋ	to prune, to cut off branches of a tree	Àbìŋ	Pruning, e.g. *Abìŋ ə mèl*-tree pruning
bĕl bĕl	to do, to make, to labour	Mbòlèdè Mbèl Mbòlntéd	Worker, labourer, servant, doer, maker, creator, deeds, works
bŏm	to meet, to converge	Mbòm	Meeting
bŏŋ	to be good, to be fine, to be beautiful, handsome	Àbbòŋ Mbòŋ	beauty, handsomeness, good deeds, goodness.
bòŋsán	to prepare to get ready	Mbòŋsàn	Preparation, preparedness
bòtéd	to begin, to start, to commence	Mbòtéd Àbòtèd	Beginning, starting Beginning, starting
búmén	to cover, to shelter oneself from rain, sun	Èbúmèn Èbúmé	Something to shelter oneself, umbrella
bŭn	to struggle, to scramble	Èbùndé	Scramble, struggle
búɔ́(buɔ́gé)	to start off, to set off	Àbúɔ́ɔ (Àbuɔ́gè)	Take off, set off
bùɔ̆	to nurse seeds, to put a hen on eggs	Àbùɔ̆g	A hen's nest, e.g., *Abuɔ́gé kúb*
bwím	to shoot, to fire	Àbwím	Shooting

Letter Ch

VERB	MEANING	NOUN	MEANING
chád (chágéd)	to entertain, to provide items of food, drinks	Ncháatàn	Items of entertainment
chám	to cook, to boil	Nchám, Nchămtéd/ Nchámbé	Sacrifice of atonement Cooking, cookery.
chăn	to buy, to dowry	Àchàn	Marriage ceremony, occasion for payment of dowry.

chán	to beg, to plead	Mècháŋgé	Plea, supplications
chǐ	to cry to get soft	Achìì, mèchìi	Cry, cries
chele	to call, to invite	Nchèlèd	Calling, invitation
chiáa	to give birth, to produce flowers or fruits	Èchiàa	Birth ceremony or celebration
chǐb	to file, to sharpen	Èchìb(p) Àchìb	Filing or sharpening stone
chìlléd	to recognize, to look for mark, to facilitate recognition	Àchìllèd	Sign, mark made to facilitate recognition. Sign, mark
chǐm	to recognize, to recollect	Àchìm	Mark made to facilitate recognition
chìǎg	to call, to name, to invite	Àchiətəd Nchìətèd	Repeated calls Calling, call, invitation
chɔ́b	to bait, to fish using baits or baited hooks	Àchɔ̀b	Baiting, something used as a bait.
chɔ̌g	to bewitch someone, to add oil into, to invoke rain	Èchɔ̀g(k)	Illness resulting from witchcraft.
chùɔ̌g	to play	Àchúɔ̀g Mèchùɔ̀g	Play, games. Games, plays
chió/chiógé	to climb, to rise in level	Àchiógè	Climbing, ascending
chióŋnéd	to hold, to grasp firmly	Àchíɔŋnèd	Anchor, handle, support
chùŋéd	to save, to deliver from harm, to set free, to revive	Nchùŋədè À'chùŋéchùŋ	Deliverer, saviour, salvation
chǔd	to light, to blow fire, to switch on light	Àchùd	*Achùd é télékáŋ*-switching on lights or lighting lamps

Letter D

VERB	MEANING	NOUN	MEANING
děb dǐb	to shut, to close, to pick, to find	Àdèb Àdìb	Closing –*àdeb é' kùb*, Closing doors
dèbé dìbé	to open, to inaugurate	Àdébè Àdìbè	Opening – *Àdéb'à ndab, è mèsáké*

dèbéd	to discover, to find	Àdèbèd	Discovery, Àdèbèd á mŭl-oil discovery
děl	to draw, to drag, to drive, to pull, to be heavy	Àdèlàg	Drawing
		Àdèl	Àdèl é mutu – Driving.
		Àddèl	Heavy
déméd	to switch off, to erase, to rub off, to wipe off	Àdémèd	Adémèd é télékáŋ-Stitching off light
dié	to eat	Àdié	Food, food items,
		Mèdié	riches
dìé	to stay, to sit, to remain	Àddì	Seat
			Riding- Adì hɔ́sé– horse riding
dígé	to feed, to feast	Àdígé	Feeding, feasting –adìgè nyɔ̆l
dŏg(k)	to cheat, to deceive	Mèdòké	Cheating, deceit, deception
děŋ	to like, to love, to trust	Èdèŋgè	Love, trust.
dúbé	to believe, to trust to respect, to honour	Àdúbè	Belief, faith, trust, respect,
		Èdùbè	Honour, respect
dùsán	to baptize, to be baptized	Èdùsàn	Baptism

Letter H

VERB	MEANING	NOUN	MEANING
hăŋ(tád)	to tie, to bind, to chain	Méhàŋ	Bands, chained
háŋtán	to imitate, to compare oneself with another	Méháŋtán	Imitation, Comparison
		Aháŋtàn	Imitation
hébé	to help, to assist, to give aid to, to give assistance to, blow air into.	Nhébè	Aid, assistance, help
hɔ̆g	to find, to need, to want, to desire, to search, to look for, to seek	Nhɔ́gtéd	Wants, desire, needs
hɔ́gén	to want from, to need from, to desire from, to want from	Ahɔ́gén	
héen	to complete, to snuff	Ahéen	Ahéen é mehéllé, tákùu- Running competition, snuffing
hɔ́llén	to be smart, to be polite, to be jovial.	Méhɔ́l	Smartness, politeness

hɔ́ɔ/	to be cold, to be wet, to be dead,	Ahɔ́ɔ	Coldness
hɔ́ɔtè	to be quiet, to cease breathing	Ahɔ́ɔtè	Coldness, dampness
hób	to say, to speak	Ehób	Language, voice, dispute.
		Méhób	Disputes, languages
		Méhóbàg	backbiting, blackmail
hŏd	to foam, to grow rapidly, to increase in size.	Méhód (t)	Foams.
hóŋ	to have, to own, to marry	Ahóŋgé	Marriage.
hóŋ épèd	to have hopes, to have faith, to trust	Epèd	Hope, faith, trust.
hŭb	to up root, to take off from the roots.	Ahúb	Uprooting
hùbé	to weed, to clear	Ahúbè	Weeding
húu	to kill, to slaughter, to murder	Ehúuèn	Killing of one another or back-stabbing of one another

Letter K

VERB	MEANING	NOUN	MEANING
káa	to be judged, to stand trial	Nkâa	Court case
káad	to judge, to try cases of others	Akâad	Akâad é kútè – judging cases
kăb	to share, to divide.	Akàb	Share, sharing, dividing
káb	to market, to buy, to sell	Akáb	Marketing – a káb é mŭl
kèbé	to wind, to turn, to wheel.	Akèbè	Winding – akèbé klókè Clock winding
kăl	to converse to discuss.	Nkàlàŋ	Conversation, news, message
káné	to pray, to scold	Mekánè	prayers
kĕ/kiŏg/kăg	to walk, to move, to journey, to go	Ekè	Journey
		Mèkè	Journeys
		Mekitéd	Journeys
kàllán	to govern, to rule, to administer, to command, to diffuse or spread	Nkàllàn Nkállánè	Government, administration, administrator, ruler.

kwǎl	to cut, to fell, to slaughter, to wound	Akwə̀l	Cutting, felling - akwə̀l é mə̀l
kàntán	to recall, to remember	Nkántàn	Remembrance, commemoration
kə́lé	to be clear, to be bright	Akə̀l'átè Akə̀l'ámuŋ	Clearness, transparency, brightness of weather
kěŋ	to praise, to glorify	Mékáŋàg	Praises, glorification
kénéd	to praise, to glorify	Akénèd Mékéntàn	Praises, praises Preaises, glorification
kǒ	to hate, to dislike	Ekóyi	Hatred
kǒ	to hide, to conceal	Akóŋnéd	Hide out, refuge
kòbé	to copy, to imitate, to collect something with a stick, to find fault, to scoop out water from a container.	Akòbè	Imitation, copying
kóŋ	to grow lean, to emaciate,	Nkóŋgè	Leanness, emaciation
kósán	to punish, to pay a fine	Nkósàn	punishment
kìsán	to test, to tempt, to examine	Akisàn Mékisàn	Examination, temptation Examinations, temptations
kǔd	to be satisfied, to eat to satisfaction	Akǔd	Satisfaction
kǔg	to receive, to lock	Nkúgàg	Receiving
kǔg nsòl	to receive verbal message	Nsòl	Verbal message, by mouth, oral
kěn nsòl	to carry verbal message	Nsòl	Verbal message, by mouth, oral
kùlé/kwùlé	to be sick, to be ill	Nkúlè/ Nkwə̀ŋ	Illness, sickness, the sick
kúmé/ kúméd	to fall, to cause to fall or collapse from the roots or base	Akúmè Akúmèd	
kùntán	to accept, to agree, to answer	Nkùntàn	Acceptance
kuǒg	to grow, to increase in size, to be enough	Akúòg	Growth
kúmé/ kúméd	to fall, to cause to fall or collapse from the roots or base	Akúmè Akúmèd	

Letter L

VERB	MEANING	NOUN	MEANING
lăd	to collect, to gather, to unite	Eládé	Union
		Nlátán	Unity, union
làd nyól	to prepare, get prepared, to get set, to get ready	Aladé nyól	Preparation
lám	to be quiet, to stop talking or carrying, to set traps	Àlám	Trapping
		Allám	Trap
láŋ	to read	Aláŋgè	Reading
làsán	to forgive, to pardon	Alàsàn,	Forgiveness
		Mélàsàn	Forgiveness
lébé	to send a verbal message, to announce	Nlébtéd	Message, announcement
léeb	to advise, to admonish	Elébé	Advice, admonition
lĕb	to mourn, to appease, to comfort	Mélébè	Mourning, mourning dress
		Alèb	Mourning, comforting, appeasing
ləléd	to greet, to salute to extend greetings to	Mélèntàn	Greetings
		Mélèltàn	Greetings
lăg	to credit, to give on credit	Lágkè	Credit,
bĕ/biŏg làgkè	to give on credit, to sell on credit	Mélàgkè	Credit, on credit
lémé	to burry, to entomb	Allémè	Burial, interment
lĭŋ	to be angry, to be annoyed	Méliŋgé	Vexation, annoyance, anger
liŏŋ	to tap, to set aside	Alliòŋ	Tapping
		Nliòŋ	A tapper
liŏŋnéd	to surround, to be surrounded	Aliòŋnéd	surrounding
lóbbéd	to cheat, to steal, to deceive	Melóbtàn	Deceit, deception
lòbéd	to embellish, to beautify	Alòbèd	Alòbèd é nyol- polishing self
lóggéd	to see off, to lead, to bid farewell to	Alóggéd	Seeing off, leading,
		Nlóggéd	Leader

lógtán	to send verbal message through someone, to bid farewell to	Nlógtàn	Verbal message, farewell message
lóm	to send, to go on a mission	Melómág	Melómág mé diom ne bébé- the sending of 12 disciples, Mission
lɔ́ɔn (lógén)	to sustain wounds, injuries, to injure, to be involved in an accident.	Alɔ̂ɔn Mélɔ̂ɔn	Alɔ̂ɔn é mutu- accident, injuries
lúméd	to show, to point to, to introduce	Alúméd	Alúméd é békèn-introduction of guests
lúŋ(lóŋ)	to build, to settle, to plan, to be married to/at.	Allóŋgé Nlòŋgè	Building, planning Planning
luóg	to fish, to catch fish	Allúɔg	fishing, fish caught
lúu	to mint, to shape things out of iron	Allùu	Allùu' kii- smithing, shaping things out if iron

Letter M

VERB	MEANING	NOUN	MEANING
mɔ́d	to plaster, to smoothen the surface of	Amɔ́d	Plastering- amɔ́dé 'siég ndáb-plastering walls of a house
Mué (mwié)	to drink	Ammué or Ammwié	Drinks
múggé	to give a drink to, supply a drink to, to feed baby with liquid	Amúggè	

Letter N

VERB	MEANING	NOUN	MEANING
nàméd	to bless	Nnàm Anàmèd	Blessings, good luck Blessing

nŏn	to look at, to keep watch, to look after	Anón	Watching- shepherding Sheep/goats
		Nnón	Shepherd, watchman
nŭg(nŏg)	to bend, to fold, to revive someone	Anòg	Anòg é mépàd- folding papers
nùŋŋéd	to shake, to cause to shake	Anùŋŋèd	
Nyâad (nyágéd)	to compel, to bother, to oblige someone	Menyáktàn	compulsion
nyák	to be surprised, to wonder	Menyáké	Wonder, miracle
nyàmé	to ridicule someone, to flatter	Anyàmè	flattery
nyámé	to thaw, to melt, to become liquid	Anyámè	Melting, thawing
nyáméd	to cause to thaw or melt	Anyàmèd	Anyàmèd é mŭl-melting oil
nògéd	to run, to race	Anógèd	Running, racing
		Menógèd	Running racing
nyáné	to dry, to sun things on a drying line, to dry over a fire	Anyánè	Drying- anyánè kàké- Cocoa drying
nyin	to see, to have bitter experience	Anyin	Misfortune, seeing
nyɔ̌d	to labour, to work, to work labouriously	Nyɔ́dtèd	Labouring
nyóŋ	to vanish, to disappear	Menyóŋgé	The invisible
nyùŋ'átè	to grumble, to complain in low tone	Nyuŋ'átè	Grumbling
		Menyuŋ'átè	Grumblings
nyŭŋ	to prosper, to multiply, to increase in size, number	Anyùŋ	Prosperity

Letter P

VERB	MEANING	NOUN	MEANING
pád(t)	to pluck, to harvest	Apád (t)	Plucking, harvesting- apád é kàké, cocoa plucking

pál	to hunt	Apál, Npál	Hunting, Hunter, hunting
păn	to be wrong, to make a mistake, to make an error	Epàndé Apàndé	Wrong deed, sin Wrong deeds, sins
pĕb	to fan, to lure	Apèb	Luring, faning, -apéb é nyól- faning oneself
páŋ	to scatter, to dismantle, to disorganize	Epáŋgé	Disagreement, misunderstanding.
		Apáŋ	Scattering, dismantling
pĕ	to arrive, to come	Epè	Arrival, coming
pèbéd	to blink, to shake	Apébèd	Blinking-apébèdé mik-eye blinking
pém	to carry, to convey	Apém	Carrying – apém é ntèd
păŋ	to sharpen, to carve, to shine	Appóŋŋàg	Brightness, whiteness
pĕen	to bring along, to come along with	Apéen	
pĭm	to throw, to fling away, haul or cast away	Apim	Apim é mépúd – dirt throwing
pób	to peel, to clean	Apóbè	peeling
pɔ́d	to carve, to shape out of wood	Apɔ́d, Mpɔ́tèd	Carving carving
pɔ́l	to go on a journey, to travel	Apɔ́l Npɔ́làg	Journey, traveling. journeying
puăg (Pwăg)	to choose, to select, to elect	Npwágtéd Npwɔ́gág	Choosing, selecting, electing Electing, selecting, choosing
pŭb	to clean something roasted, to take off feathers	Apùb	Cleaning, depluming
púub	to be whitish, to look whitish	Appúub Appuubàg	Whiteness, brightness
pùpúrún	to flutter, to flit, to fliter	Apùpùrùn	Fluttering

Letter S

VERB	MEANING	NOUN	MEANING
sáad	to greet, to extend greetings, to wish one good morning	Asáŋgé Mésàŋtàn	Good morning Greetings, salutations
sábé	to pay for, to reward	Nsábè	Pay, reward, salary
sáb'átè	to lose value, to lose fame, to lose respect, honour	Asàb'átè	Dishonor, devalue, infamous
sàd	to give with a stretch hand, to produce liquid, wine	Esàd	Esàd é 'anàk- new menak wine
ság(k)	to shake, to dance	Mesákè Esákè	Dance, dancing, dances, dance, dancing
sáŋ	to be clean, to be pure, to be holy	Assáŋ	Holiness, cleanness, Whiteness, pureness
sáb	to play, to kick	Asáb	Asáb é bòll- playing ball
săl	to tear, to split, to operate	Nsàlàg	Operation, surgery
sèllé	to increase in size, growth, to increase in volume	Aséllé	Increased growth
sèmén	to look at critically, to examine critically	Asèmèm	Asemèn è nyól – self-examination, critism
sémméd	to discredit	Mesémtàn	Discredits
sıg	to frighten, to churn, to scare, to throw kolanuts	Asıg	Asıg é mebii- throwing of kolanuts
Sìtán/siŏn	to touch	Asitàn	Touching
siəgéd	to ask, to inquire, to question, to investigate	Nsiəgtéd	Inquiry, question
siəgé	to comb, to scatter, to assess, to evaluate	Nsiəgé	Assessment
siəlén	to quarrel, to dispute	Nsiəlèn or Nsièlàg	Quarrel, dispute
siŏn	to touch, to beat	Asièn	
siŏŋ	to urinate,	Mésièŋ	Urine.

ságmán or ságnán	to thank, to give thanks	Aságmàn Nságmàn or Nságnàn	Thanks or Thanksgiving
sióŋ	to insult, to abuse	Nzióŋ	Insult
sŏd	to let drop, to let flow, to let fall	Asŏd	
sòbé	to flow down from a height	Asóbè Asópè	
sóg, súg	to end, to terminate	Asúg(k) Asóg(k)	End, The end
sɔ́l	to enter, to commence, to begin, to start	Asɔ́l	Asɔ́l é' sukulè- the start or beginning of school
sómén	to sue to court, lodge a complaint against	Sómèn	Law suit, case.
sóm	to sell, to give thanks	Asóm, Mesómàn	Selling, thanking Thanks-á biŏg mesómàn
sŏn	to ruin, to skin, to desolate	Nsònàg	Ruin, desolation
sóŋtán	to understand	Asóŋtàn	Understanding
sùbbé	to fall in a drizzle	Asùbè	Drizzling
sŭŋ	to save, to deliver to give purgative to	Assùŋ	Enema, purgative
sú	to return, to go back home	Esú	The return journey, the homeward journey

Letter T

VERB	MEANING	NOUN	**MEANING**
tăd (tàggéd)	to bother, to disturb, to worry, to trouble	Atăd/Atágèd	Worrying, bothering
tăg	to suffer, to be in agony, to be desperate,	Metàgkè	Burden, desperation, suffering
tàgétè	to worry, to bother	Atágétè	Worrying, bothering
tém	to clear	Atém	Clearing

těl(těn)	to write	Atélàg/ Aténàg	Writing
tə̀ŋŋéd	to entertain, to delay	Etə̀ŋ	Childish jokes
télé	to slide, to glide	Ntélàg	Sliding, gliding
tə̀ŋgán	to coincide with, to defy, to be right, correct, must	Atégàn	Coincidence, defiance
tóbé	to deny, to forsake	Atóbè	Denial
tód	to take, to admit, to recruit	Atód	Recruiting, taking, admitting
tɔ̀dé	to dip into, to dip a hand into	Atɔ̀dè	atɔ̀dé 'káa mèdibtè – dipping a hand in water
tíi	to arrange, to lean on, to straighten	Attíi Ntíié	Plans, arrangmement Plans, arrangements
tógnán (tógmán)	to desire greatly, to have great need for, to have great value for	Etógnán	Precious, scare, important.
tɔ̌g	to make a noise, to disturb, to shame or disprove	Ntɔ̀g	Noise, disturbance
tóm	to pass, to cross, to lead	Atóm	Crossing
tǒn(tɔ̀gén)	to care for, to bring up	Ntǒn	Maintenance, upbringing
tóŋ	to blow, to whistle, to count, to crow	Atóŋ Tóŋgé	Counting, whistling, Census, assessment.
túg(tóg)	to be stranded, to be in difficulty, to be in want	Atúg/Atóg Metúgké	Poverty, difficulties
túb	to bore a hole, to name, to be right, correct, to appear	Atúb	Boring hole
tǔm	to roast, to beat, to flog	Atùm Ntùm	Roasting- Atùmé mbaŋgé- roaster, one who roasts.
túm	to offend, to transgress, to break the law	Atúm	Atúmé mbéndé- breach of the law
túmé	to discover, to find	Atúmè	Atúmé mǔl-oil discovery

| tùmé | to smoke, to dry, to set the stem of tree on fire, to kill with fire | Atùmè | Smoking a thatch house |

Letter W

VERB	MEANING	NOUN	MEANING
wálé	to hold, to take along, to bring along	Awállé	Holding Holding a walking stick
wǎl	to make fun of, to joke, to ridicule one	Awə̀l Nwə̀l	Ridicule Joke, fun
wié	to die, to wither	Awié Kwiid	Drying, withering Death
wiǎ	to be hot, to produce pain, to be powerful, to ache	Âwiə̀	Pain, poison
wɔ́g	to bathe, to take a bath	Awɔ́g	Awɔ́g é medib- bathing
wɔ́ɔd	to rub, to paint, to ordain	Awɔ́ɔd	Awɔ́ɔd é ndáb- plastering, painting of house
wítán	to die for the sake of love, to embrace difficulties for the sake of another	Awítàn	Enduring persecution because of love for another
wŏm	to be lazy, to be weak	Ewòm	Laziness, weakness
wúd (wód)	to remove, to take away, to subtract, to harvest	Awúd	Subtraction, harvesting
wúɔ́g	to hear, to taste, to understand	Awúɔ̀gèn Awúɔ̀n	Obedience, hearing, Understanding, obedience
wuɔ̌	to laugh	Awúɔ̀ Lɔ̀ɔ	Laughing laughter
wuɔ́g ngɔ̀l	to have mercy, pity, sympathy	Ngɔ̀l	Mercy, pity, sympathy
wuɔ́n	to be obedient, to obey	Awúɔ̀n	Obedience, understanding
wuɔ́glán	to listen, to pay attention, to be patient, to feel, to taste	Awuɔ́glàn	Listening, tasting, feeling
wùné	to be hot, to be uneasy, to be uncomfortable	Awùnè	Heat, hotness

wùn'átè	to be hot, to climax, to be heated	Awun'átè	Heat, climax, hotness
wúu	to return, to come back, to leak	Ewùu	Coming back, the return

Letter Y

VERB	MEANING	NOUN	MEANING
yád	to set ablaze, to set on fire, to burn	Ayàd Nyáŋ Nhiáŋ	Burning Wildfire, burning bush, Grass vegetation
yăl	to throw	Ayàl	Ayăl é ball – ball throwing
yiə (yóge)	to learn, to sweep	Ayɔgè	Learning, sweeping
yálé	to divide, to separate	Eyále Ayále	Divider, separator Dividing, sharing
yàg	to come, to go along	Àyiə/ Èyiə	Coming, arrival
yiəlé	to be uneasy, to be uncomfortable, to be restless, to fidget.	Ayiəlè	Restlessness, uneasiness
yiənə'	to come along with, to bring along	Àyièn	Coming along with
yiótán	to imitate, to mimic, to rehearse, to tell one something before time	Ayiòtàn	Rehearsal
yúb	to drum, to play instruments of music	Ayúb	Drumming- ayúb á ntiəg
yún	to plant, to cultivate	Àyún	Planting, Ayún é mbàŋgé
yúntán	to think, to contemplate.	Àyùntàn Meyùntàn	Thought, thinking, Thoughts
yúnnəd	to cry tearfully, to cry with grief, to condole with a bereaved, person, to express sympathy to a bereaved person.	Nyùnnəd Ayúnnəd	Condolence. Crying tearfully.

BIBLIOGRAPHY

Allen, Stannard W., (1975). *Living English Structure*, Longmans.
Ejedepang-Koge S.N., (1986), *The Tradition of a People Bakossi*. Part Five the Bakossi Language.
Fowler, H.W. & F G., *The Concise Oxford Dictionary of Current English*.
French, F.G.; C.B.E., (1978). *First Year English for Africa*, Oxford University Press.
Hedinger, Robert & Sylvia and Metuge, G.E. Roggy, (1977). *De Tel de lange Akóōsè*.
Hedinger, Robert, (1982). *Reported Speech in Akoose*, Unpublished.
Hedinger, Robert, (1983). *The Verb in Akoose*. Submitted to SAL.
Hedinger, Robert & Sylvia, (1983). *Akoose - English Dictionary*, Unpublished.
Hedinger, Robert & Sylvia, (1982). *English - Akoose.* Wordlist, Unpublished.
Mc William, H.O.A., (1961). *Training in English*, Longmans.
Mauger, F.G. (1955). *Cours de Langue et Civilisation Françaises*, Librairie Hachette.
Ogundipe, P. A., Tregidgo, P. S. (1975). *Practical English: A Comprehensive Secondary Course : Teacher's Book*. Longman.

ABOUT THE AUTHOR

Joseph Ajale Ekane was born in Mwaku village, Bangem Sub-division, in 1938 to Sangu Abel Ekane Ebah and Nyangu Lydia Mesode. He started primary education in vernacular school, Mwaku in 1945 and continued to Basel Mission Schools of Mwebah and Nyasoso where he obtained the F.S.L. Certificate. He attended Basel Mission Teacher Training Centre Batibo, Bamenda where he obtained Teachers' Grade III & II Certificates. He attended CCAST Bambili where he obtained GCE Ordinary and Advanced Levels. He next attended Ecole Normal Superieure Annex, Bambili where he obtained CAPCEG Certificate.

He taught at Bilingual Grammar School (Lycée Bilingue) Molyko, Buea, and was transferred to GHS Limbe where he served firstly as Senior Discipline Master and finally as Vice Principal of that institution. A married father of six, he retired from the Cameroon public service in December 1994.

ABOUT THE PUBLISHER

Spears Books is an independent publisher dedicated to providing innovative publication strategies with emphasis on Africana stories and perspectives. As a platform for alternative voices, we prioritize the accessibility and affordability of our titles in order to ensure that relevant and often marginal voices are represented at the global marketplace of ideas. Our titles – poetry, fiction, narrative nonfiction, memoirs, reference, travel writing, African languages, and young people's literature – aim to bring Africana worldviews closer to diverse readers. Our titles are distributed in paperback and electronic formats globally by African Books Collective.

Connect with Us: Go to www.spearsbooks.org to learn about exclusive previews and read excerpts of new books, find detailed information on our titles, authors, subject area books, and special discounts.

Subscribe to our Free Newsletter: Be amongst the first to hear about our newest publications, special discount offers, news about bestsellers, author interviews, coupons and more! Subscribe to our newsletter by visiting www.spearsbooks.org

Quantity Discounts: Spears Books are available at quantity discounts for orders of ten or more copies. Contact Spears Books at orders@spearsmedia.com.

Host a Reading Group: Learn more about how to host a reading group on our website at www.spearsbooks.org

www.ingramcontent.com/pod-product-compliance
Lightning Source LLC
Chambersburg PA
CBHW080636230426
43663CB00016B/2889